你的孩子是赢家

金陵◎编著

九州出版社
JIUZHOUPRESS

图书在版编目(CIP)数据

你的孩子是赢家 / 金陵编著. —北京:九州出版社，2010.11

ISBN 978-7-5108-0755-8

Ⅰ. ①你… Ⅱ. ①金… Ⅲ. ①家庭教育 Ⅳ. ①G78

中国版本图书馆 CIP 数据核字(2010)第 226938 号

你的孩子是赢家

作　　者　金陵　编著
出版发行　九州出版社
出 版 人　徐尚定
地　　址　北京市西城区阜外大街甲 35 号(100037)
发行电话　(010)68992190/2/3/5/6
网　　址　www.jiuzhoupress.com
电子信箱　jiuzhou@jiuzhoupress.com
印　　刷　北京建泰印刷有限公司
开　　本　880 毫米×1230 毫米　32 开
印　　张　8
字　　数　180 千字
版　　次　2011 年 1 月第 1 版
印　　次　2011 年 1 月第 1 次印刷
书　　号　ISBN 978-7-5108-0755-8
定　　价　25.80 元

前言

每个家长都希望自己的孩子成为好孩子，希望自己的孩子走上成功之路。但是什么样的孩子才是“好孩子”呢？什么样的孩子才能成为真正的赢家呢？教育孩子是一门学问，家长要先明白什么样的孩子才是真正的赢家，有目的地教育孩子，找到正确的教育方法，才能达到事半功倍的效果，让孩子成才。

对家长来说，“教育”比“养育”更重要。父母不仅仅要给孩子富足的物质生活，更重要的是要教孩子正确对待人生，要明白孩子需要的并非停留在口头上的“你真棒”，孩子需要好的教育，需要父母在方方面面对孩子进行精心的培养。

每个孩子从一出生就已经站在了竞争的起跑线上。从幼儿园到小学、中学、大学……孩子们都在不断地进行着竞争。

家长努力为孩子创造优越的物质条件固然需要，但关键是要让孩子自己慢慢成长，让孩子在竞争中找准自己的位置。如何面对激烈的竞争，如何调适孩子的心理，如何让他们在面对挫折时能够化阻力为助力，化压力为动力，如何在人格上健全和强大起来，成为比赛的赢家，是家长教育中的核心。

有竞争就会有挫折，“梅花香自苦寒来，宝剑锋从磨砺出”，想让孩子成为一个优秀的人，挫折教育必不可少。在物质生活越来越丰富的今天，尤其需要对孩子进行挫折教育。只有经历挫折，孩子才能真正成长为一个有独立性，理想高远而意志坚韧、睿智和内心充满强大力量的人。

本书从培养孩子自主、品格、交际、口才、特长、健康、理财等方面的能力出发，帮助父母们提升孩子各方面的竞争力，增加孩子的竞争筹码。全书语言简洁易懂，可操作性强，是家长们的好帮手。

目录

第一章　亲亲我的宝贝

——父母是孩子的守护天使

许多家长不善于进行亲子沟通，在教育孩子的时候，家长总想着为孩子好，总在不断重复简单的语言、老一套的问话，比如“作业做了没有”、“考试成绩怎么样”等，这些话基本上是天天讲，家长以为只有这样才算尽到了家长的责任。殊不知，这种单调的说教会让孩子产生厌烦的情绪，从而产生逆反心理，表现出叛逆的行为。

第二章 自己动手，丰衣足食
——独立的孩子才有竞争的“资格”

思考就像播种，行动就是果实。只有辛勤播种，才能有丰富的收获。善于独立思考的孩子才能品尝成功的喜悦。

父母要给孩子独立思考的机会，让独立思考成为孩子的一种习惯，循序渐进地引导孩子认清世界，体味人生，思考自己的未来。

第三章 小小少年，没有烦恼
——塑造孩子不怕竞争的性格

人的智力高低跟智能开发是否全面、是否科学有很大关系，人的命运如何则由这个人的性格品质决定。优良的性格品质是人成长最积极的因素，而不良的性格乃至恶习则是一种破坏性的力量。

所以，父母要想培养出一个有成就的孩子，就要对孩子性格培养有一个清醒的认识，要正确对待孩子的性格。

第四章　心态决定最终胜负

——培养孩子良好的竞争心态

竞争与合作是社会生存和发展的动力。竞争与合作，无时不在，无处不有。竞争可以使孩子的潜力得到充分发挥，能激发孩子的主动性和积极性，也能提高学习效率。竞争还能使集体生活变得丰富多彩，使孩子的日常生活减少单调感，增强他们学习与生活的乐趣。

第五章　让孩子爱上学习

——用成绩增加孩子的竞争砝码

父母要给孩子宽松的学习环境，不要给孩子太大的压力，更不要把自己的意愿转嫁到孩子的身上，要培养孩子的业余爱好和综合素质，争取把他们培养成对社会有用的人才，而不是一个只会死读书的“书呆子”。

第六章　钢铁是怎样炼成的

——坚强的孩子经得住风吹雨打

适度地冒险是培养孩子勇敢品质的重要方法。有些父母因为怕孩子出危险，就忽视了对孩子冒险精神的培养，这样会让孩子滋生依赖心理，不利于孩子的健康成长。在有安全保障的前提下，父母应该鼓励孩子玩一些带有冒险成分的游戏，比如荡秋千、滑板、游泳、骑自行车等。

第七章 用高贵的品格征服人心
——美德是孩子最大的竞争优势

一个人的善心、爱心、良心综合表现为感恩之心，这是道德的根本，也是社会公德的根基。父母应让孩子知道：要想有好的人际关系，就必须有感恩的心，感恩是做人的基本要求，是关心他人、热爱祖国等品德形成的起点。

第八章　习惯是一个人心灵的镜子

——好习惯是孩子一生的财富

随着孩子年龄的增长，家长就应该及时培养孩子爱整洁的习惯，不能一味地让孩子“捣乱”、“破坏”下去。这是家长对孩子教育的责任，也是培养孩子养成良好行为习惯不可缺少的。

第九章　才华横溢，方有魅力

——不凡的气质为竞争加分

人们在心情好的时候接触到的事物就会产生好感，从而喜爱它。而当一个人有相反的情绪时，就会对他遇到的事情产生消极的心情，那么这一事物就容易受到人的厌恶和排斥。父母要想让孩子学好琴、学好画，就要不断给孩子以鼓励，并把这样的学习过程游戏化、趣味化，让孩子在学习中体会到乐趣，这样孩子就容易倾心于这件事，并培养起兴趣。

第十章　做了不起的“万人迷”

——用心培养孩子的人际交往能力

只有善于倾听他人意见的人才能与别人关系融洽。倾听本身就是认同对方谈话的一种方式，能耐心倾听对方的谈话，就等于告诉对方“你是一个值得我倾听你讲话的人”。学会了如何倾听，你甚至能从谈吐笨拙的人那里得到收益。

学会倾听，孩子才能更好地与人交流。

第十一章　让你的孩子口吐珠玑

——能说会道的孩子易得机会的青睐

在孩子小的时候，父母就注意把孩子当大人一样来对待，和孩子经常聊天、探讨、争论，孩子拥有的词汇量就越丰富，就越能够更清晰、更多样地表达自己的思想。

第十二章　健康的体魄，精彩的人生

——好身体让孩子赢在起跑线

很多家长都会觉得自己的孩子识字多、背诗多就是智力高，会加减乘除就是脑子聪明，也有的家长觉得花大量时间和金钱让孩子学钢琴、学美术、学外语就是提高孩子的智力。其实，这都是对智力理解的一种误区。智力不仅包括认知反应的特性，还包括有效地处理问题、快速地适应新环境的能力。让孩子参加体育活动是开发孩子智力最有效的途径之一。

第十三章　娃娃学理财

——培养孩子获取财富的能力

如何帮助并指导孩子自主理财？如何让孩子自己懂得理财？这些不仅是父母必须关注的事情，也是父母面临的一大挑战。要想让下一代成为理财高手，父母就要以身作则，做好榜样。

第一章 亲亲我的宝贝——父母是孩子的守护天使

许多家长不善于进行亲子沟通，在教育孩子的时候，家长总想着为孩子好，总在不断重复简单的语言、老一套的问话，比如“作业做了没有”、“考试成绩怎么样”等，这些话基本上是天天讲，家长以为只有这样才算尽到了家长的责任。殊不知，这种单调的说教会让孩子产生厌烦的情绪，从而产生逆反心理，表现出叛逆的行为。

001 和孩子交流要用心

在父母心中，孩子永远都是长不大的。要想好好教育孩子，就要学会聆听孩子的心声，要和孩子进行心灵的沟通，和孩子做知心朋友。

每个人都有自己的内心世界，孩子也不例外，每个孩子都在努力地塑造自己。做父母的要学会感受他们在想什么，那样才能深入地理解孩子。其实做到这一点并不难，父母只要让孩子无拘无束地表达自己的想法，不要总是批评他们、教训他们、挑他们的毛病，就不会让孩子觉得苦恼，就不会让孩子觉得和父母之间有很大的距离。

自由地接受孩子们的思想，和孩子一块讨论，研究可能的结果，经常用孩子的语言和孩子交流："那样的话，接着将会发生什么事?""你会有什么感觉?""别人会有什么感觉?"这样的话，孩子就会觉得父母是自己的伙伴，可以帮他们解决疑难问题。

要想深刻的理解孩子，父母应该做到以下几点：

1．少讲为妙。父母不能总是一厢情愿地老生常谈，那样只会让孩子感到反感。唠叨个没完只会让孩子产生逆反心理。

2. 冷静理智。当孩子的做法与自己的想法不一样时，父母不要轻易发脾气，要时刻提醒自己：他只是个孩子，尽量使自己保持冷静理智，避免讲伤害孩子心灵的话。

3. 耐心倾听。要给孩子一个平等的发言机会。孩子受委屈时，会觉得自尊心受到了伤害，他最希望别人能耐心听听他的倾诉，只有情感上的安慰才能平衡孩子的心。

4. 听话听音。孩子的语言是高度情感化的，主观色彩十分浓厚，听孩子说话得学会听话听音。因此，父母不要总是站在成人的角度思考孩子的语言。

5. 恰如其分。不管是对孩子进行赞扬还是批评，一定要就事论事，恰如其分。不要因自己草率的批评和随意的指责使孩子幼小的心灵受到伤害。

慈爱是一种温柔的、心平气和的沟通方式。不要假定你的孩子知道你们爱他，爱需要表现出来。

许多家长不善于进行亲子沟通，在教育孩子的时候，家长总想着为孩子好，总在不断重复简单的语言、老一套的问话，比如“作业做了没有”、“考试成绩怎么样”等，这些话基本上是天天讲，家长以为只有这样才算尽到了家长的责任。殊不知，这种单调的说教会让孩子产生厌烦的情绪，从而产生逆反心理，表现出叛逆的行为。

其实，善于和孩子沟通并不难，家长要鼓励孩子说出自己的喜怒哀乐，耐心地听孩子诉说自己身边发生的事，鼓励孩子对发生在自己身上的事情做出评价。孩子在表述时，家长要耐心地听，不要打断孩子，不要对孩子的言行急于批评或评价。

等孩子讲完后，父母可以用简练的语言对他的话进行概述，帮孩子理清思路。这样会让孩子得到了尊重，有利于孩子理清自己的思路。这样，父母理解了孩子，让孩子感到受尊重，孩子也会愿意和父母交流思想，从而做到对父母的尊重和信任。

除了认真聆听孩子的想法之外，父母要不断学习新知识，不断接触新的思想观念，了解孩子的所思所想。比如流行的思想、流行的服饰、流行的技术、流行的音乐等，父母都要尽量多地去了解，这样才能和孩子有话说，减少和孩子间的代沟，创造彼此信任沟通的渠道。无论工作有多么忙，父母也要尽可能多地抽出时间陪陪孩子，和孩子一起玩，平等地谈心。不要以为孩子去学校之后，所有的教育都成了老师的事情。当孩子的做法跟自己的期望不符时，父母不要马上发火，要先听听孩子的理由。

002　不要吝啬你的微笑

微笑是爱的语言。微笑能给人温暖。在孩子的眼中，家长的面部表情非常重要。孩子经常会这样说：“爸爸从来都不会笑，只会一天到晚都皱着眉，让人觉得很害怕。”其实每个人都喜欢爱笑的人，尤其是孩子在看到别人对自己微笑时，就会觉得心情很好，觉得自己是可爱且受欢迎的。你冲他微笑，这是在向他表达你内心的感情：“我喜欢你！看到你我很快乐，我喜欢和你在一起。”从小在微笑中长大的孩子，容易形成乐观、积极的心态。

其实，我们每个人的内心都渴望得到家人的爱和认可，孩子更是如此，父母的表情便是他们是否可爱的最好证据。

孩子的考试成绩不理想，回家之前就会觉得胆战心惊的，如果这个时候父母再给他一个失望的表情，他便知道自己失败了，对自己也失去了信心；而如果孩子看到的是家长的微笑，他会把这次不理想的成绩当成一次磨炼，对自己树立信心，争取下次通过努力取得好成绩。

当孩子不小心摔了一跤，妈妈露出一个紧张的表情，不管疼不疼，孩子总会哭；而如果妈妈微笑着走上前，孩子就会觉得并没有那么疼，自己也会微笑着爬起来。如果孩子不小心犯了错，家长一脸严肃，可能会让正想坦白的孩子说谎。处于叛逆期的孩子，如果父母整天对他说教和批评，就会让孩子变得更加叛逆，父母多给孩子一些微笑，就会让孩子减少对家长的敌对心理，从而慢慢学着变乖，不再叛逆。

1. 父母的微笑是教育子女最简单的“武器”。当孩子淘气、不听话、犯错误时，父母不要严厉地训斥孩子，要学会换一种方式，用微笑的方式对孩子进行说服教育，相信这一微笑教育的效果肯定胜于严厉的训斥。微笑会使犯错的孩子觉得自己不好意思，会让他们逆反的心理自然消失。孩子感到理亏，就更容易认识到自己的错误，可以很自然地容易听从父母的教诲。父母要用宽容、理解的微笑教育孩子，微笑能赢得孩子的心、赢得孩子的敬意。

2. 父母的微笑能让孩子舒展心灵，让孩子的内心充满阳光。在孩子遇到困难挫折的时候，父母不要一味地责怪他们。父母应微笑着告诉他们，人都是在挫折中长大的，父母是他们永远的支持者。

3. 父母的微笑、平和的心态是培养孩子阳光般性格和心灵的重要保障。人们常说孩子是父母的一面镜子。父母的微笑能够带给孩子无限的快乐——生活的快乐、学习的快乐、进餐的快乐、睡觉的快乐……微笑所带来的快乐无处不在。给孩子最真诚、最美丽的微笑，可以让自己保持一份年轻的心态，保持良好的父母形象，更能为孩子营造一个快乐、健康成长的空间，使孩子保持一种积极乐观的生活态度。

所以，父母千万不要吝啬自己的微笑，要让自己的快乐情绪尽情地展现在脸上，让孩子看到你的微笑。

对孩子微笑是给孩子上的第一堂课，妈妈的亲切笑容对孩子的成长是很重要的。千万不要因为一些小事而让孩子看到自己愁眉不展或是烦躁不安的样子，不开心的表情很容易对孩子产生负面影响，不利于他们阳光个性的形成。

请记住：微笑就是一面镜子，不仅使孩子感觉到快乐，也会让自己感觉到快乐。

003 爱，但不溺爱

有人说中国的孩子都是“小太阳”、“小皇帝”、“小公主”，家长只会围着孩子转，对孩子百依百顺。有很多家长为了孩子，放弃了自己的事业、自己的喜好。孩子就是中心，就是自己生命的全部意义，做什么都是“孩子第一，家长第二”。为了孩子的健康成长，家长应该给予孩子充分的爱，但是过分地溺爱对孩子的健康成长不利。

很多家长对孩子的爱是无条件的。现代社会，很多孩子都是独生子女，父母更是疼爱，什么好吃的、好玩的都尽量满足孩子，唯恐孩子不高兴。在孩子把好吃的东西拿来给爸爸妈妈吃时，很多父母都会推托说：“我们不吃，你吃吧。”时间长了，孩子就会理所当然地享受所有好吃好玩的东西，忽略了父母的需要，总把自己放在第一位。孩子会认为，自己是家里最重要的人物，每个人关注他、优先考虑他都是很自然的事情。孩子稍不如意便觉得仿佛受了莫大的委屈，不停地埋怨父母，乱发脾气。

父母过分的溺爱，只会让孩子对父母产生依赖，离开了父母就会觉得自己无法生存，这样的爱只会影响孩子的成长和自立。在溺爱的环境中长大的孩子，难以适应正常的社会生活和竞争环境，还有可能产生行为方面的问题。

爱孩子，就不要一味地溺爱孩子，为孩子包办一切。父母要明白，孩子也是一个独立的个体，要让他学会独立地面对周围的人和事，将来才能独立地去面对世界、面对社会、面对生活。爱与独立并不矛盾，把孩子培养成具有强大生存能力的人，才是真爱的体现。

另外，爱孩子还要给孩子自由成长的空间，给孩子重要的精神支持才是最重要的。父母不要剥夺孩子发展自己的机会，不能过分地管束孩子，应该让孩子到广阔的天地里去锻炼、去实践、去学会如何应付危险的局面。这样才能培养出具备克服困难、迎接人生各种挑战能力的孩子。

家长不溺爱孩子就要做到以下几点：

1．不要对孩子搞特殊待遇。不要事事都给孩子搞特殊照顾，什么好吃的好玩的都给孩子，让孩子感到自己的地位高人一等。时间长了，就会让孩子养成高高在上的习惯，产生自私心理，没有同情心，不关心他人。

2．不过分注意。对孩子过分地关注会让孩子形成以自我为中心的心理，忽略自己应该有的礼貌，不把任何人放在眼里。

3．对孩子的要求要学会延迟满足。对孩子的要求应该慎重考虑，不能“要太阳不给月亮”。有的父母为了不让孩子哭闹，就对孩子百依百顺。这样做只会让孩子养成不懂得珍惜的习惯，让孩子变得讲究物质享受、浪费金钱和不体贴他人的坏性格，并且毫无忍耐和吃苦精神，这对孩子的未来发展是不利的。

4. 不当面袒护。孩子犯了错误或者和其他小朋友发生了争执，不要偏向自己的孩子。在有些家庭里，爸爸和妈妈教育孩子的时候，爷爷和奶奶就会心疼地出来替孩子说话，袒护孩子。时间长了，孩子会把家里的管教轻松的那位当做自己的“保护伞”，变得肆无忌惮。

5. 对孩子的事情不包办代替。很多父母都担心孩子还小，很多事情做不好，于是一应大小事情都代替孩子来做，这就会导致四五岁的孩子吃饭时还要父母喂，衣服还要父母帮他穿。

6. 不要过分担惊受怕。孩子天生是什么都不怕的，不怕水，不怕黑，不怕摔跤，然而父母对孩子过分担忧地千叮咛万嘱咐，会使孩子变得越来越胆小。父母可给孩子多一些鼓励，确保孩子安全就行，不要过多地担忧孩子。在孩子摔跤的时候不大惊小怪，而应让孩子自己爬起来，培养孩子坚强的品质。

7. 不要剥夺孩子的独立。家长整天对孩子说，没有父母陪同就不要孩子跟别的小朋友玩，像这样被家长剥夺了独立性的孩子往往就会变得胆小，缺乏自信。

004 不宜对孩子拔苗助长

每个父母都希望自己的孩子将来成龙成凤，所以就会用很高的标准来要求孩子，要求孩子也要按照成人的模式去做事，认为只有高要求、严标准才能培养出优秀的孩子。其实这是极其错误的做法，这样做会扼杀掉孩子天真烂漫的天性。

父母严格教育孩子的初衷只是希望孩子以后能出人头地，有些父母甚至不允许孩子犯错误，哪怕是很小的错误。其实每个人都有犯错的时候，何况是孩子呢？在孩子犯错的时候，父母要理解，不要总是抱怨。父母的抱怨只会让孩子丧失学习的热情与积极性。父母要相信孩子，帮助孩子快速走出“错误”的阴影，去迎接今后的学习生活，父母要积极主动地为孩子“排忧解难”，多给孩子一些鼓励，不要把孩子身上的潜质给扼杀了！

孩子有自己的成长规律，过高的要求、过多的约束只会让孩子束手束脚，裹足不前。父母不要做拔苗助长的农夫，要做孩子学习的引路人、扶持者，做孩子快乐成长做的助推剂。

有一位家长这样讲述自己的教子经验：

我的孩子在镇江一所九年制学校读书。这所学校升学成绩非常好，连续几年都是全市第一。让孩子在这样的学校读书，就是为了给孩子一个良好的学习环境。

为了让孩子多花时间学习，每门学科我都为他准备好几本辅导用书，诸如《语文练习与测试》、《语文补充习题》之类的辅导书就有很多本。此外，孩子读五年级后，每周六上午我都要送孩子去补课，语、数、外各上1小时。我之所以这样做，就是想让孩子赢在起跑线上。

父母整天让孩子这么没命地学习，孩子会爱学习吗？孩子的天性都被磨没了，还有什么创造性可言？父母用这种方法教孩子，不是在帮孩子，而是在毁孩子……

为了孩子的身心健康，为了让孩子得到全面的发展，为了给孩子一个快乐的童年，也为了祖国的未来，家长应给孩子一个宽松的成长环境，让孩子快乐成长！

005 你的鼓励是孩子成长的动力

很多人都知道，爱因斯坦在小的时候并不是一个天资聪颖的孩子。直到四岁的时候，他还不会说话，很多人怀疑他是一个低能儿。爱因斯坦的父亲是一个电机工程师，他没有因为别人的说法而对儿子失去信心，他想方设法让爱因斯坦发展智力。一次，他和儿子一起玩积木，爱因斯坦每搭完一层，他就会表扬和鼓励他一次。在他的鼓励下，爱因斯坦竟然搭到了十四层，这是别的孩子都做不到的。在父母的鼓励下，爱因斯坦的智力迅速提高。

这个故事告诉我们，家长对孩子热切的期望、坚定的信心和无私的帮助，是孩子取得成功的重要保证。

爸爸妈妈的一句话、一个眼神、一个动作都可能对孩子产生很大的影响，这种影响有时候甚至是刻骨铭心的。心理学家罗森塔尔曾做过一个实验，从一个班级中随意挑出几名学生，让老师天天说：这些孩子很有天赋，非常聪明。后来这些孩子果真越来越聪明了。这就是著名的罗森塔尔效应。这个实验说明，正面的鼓励和赏识是促成孩子发展自我的有效途径。如果在孩子考试不理想的时候，父母讽刺他、讥笑他笨，说他将来一定不会有出息，那么这个孩子一定会觉得自己真是太笨了，再怎么努力也没有用；但是如果换一个角度，父母学会利用罗森塔尔效应，给孩子正面的鼓励，那么孩子在下一次考试中一定会取得更好的成绩。

有些孩子特别喜欢和成人对话，在家长说话的时候，他会不眨眼地倾听着，觉得有趣的时候，还特别想发表一下自己的看法。很多家长认为，在家长说话的时候，孩子插嘴是一件不礼貌的事情，有的父母就会斥责他说："不用你多嘴!"或"给我住嘴!""大人说话，小孩去一边!"其实，这种粗暴的做法是不对的。做父母的遇到孩子"多嘴"时，应该因势利导地对其进行有意义的谈话。

孩子喜欢"多嘴"并不是一件坏事，那是孩子智力发展比较快的标志，说明孩子对成人的话已经明白了，开始学着关心成人之间的事情了，是孩子热爱生活，探求社会奥秘的表现。所以对孩子的"多嘴"，父母应当给予尊重，要把孩子看成家庭的一员，在讨论问题时要有意识地让孩子参加进来，及时对孩子做一些开导和鼓励，引导孩子参与谈话，使孩子受益。

如果家长讨论的是不适合孩子知道的事情，在孩子在场的时候就应当回避谈这个问题，把谈话转移到孩子感兴趣的话题上，并继续鼓励孩子进行交谈。在孩子插嘴说出自己的想法时，父母不要粗暴地加以干涉，那样会让孩子的自尊心受挫，抑制孩子的积极性和主动性，使孩子变得畏畏缩缩，什么事都不关心、不感兴趣，这样对孩子的智力发展也不利，也妨碍了孩子活泼开朗性格的形成。

如果你的孩子非常好问，你千万不要觉得烦，因为好奇的孩子才会好问。好问是孩子心理发展的特点之一。孩子随着年龄的增长，精神需要也会更加强烈，渴望认识周围的环境里所发生的一切是他们的渴望。这种强烈的求知欲，必然会促使孩子发问。如果父母不理解，就会觉得好问使孩子显得啰唆，甚至在孩子提出问题时采取粗暴、敷衍的态度，也可能用一句“别烦了”打发了事，这样会挫伤孩子的积极性。时间长了，孩子就不敢再提问题了，孩子的求知欲也会慢慢被消磨，大脑反应也会变迟钝。

当孩子对身边的事物提出问题时，父母要持欢迎、鼓励的态度，耐心地回答孩子的问题。如果有条件的话，可以引导孩子观察这一类事物，尽力扩大孩子的视野；边观察边回答孩子的问题，并不断启发孩子提出新的问题。经过不断地提问，不断地得到回答，孩子就会增长知识，养成好学的习惯和对知识的追求，这种习惯将会使孩子受益无穷。

但是，父母要注意，在回答孩子提出的问题时，要给孩子提供正确的答案，不要给孩子含糊不清或错误的答案，更不能不懂装懂。可以这样告诉孩子：“这个知识点我不知道，等我查阅了相关资料后再告诉你。”这样有利于培养孩子的求是精神和谦逊的优良品质。

父母对孩子表现出来的好奇心要给予充分的鼓励，这样才有利于孩子的成长。

006 言传身教是给孩子最好的教育

随着科技的发展，现代社会竞争的日趋激烈，人们对家庭教育也更为重视。为了下一代的健康成长，很多父母都会抽时间学习家教知识，查资料、买书籍、听讲座……希望能从中找到合适的方案。其实，家庭教育的关键是父母在每一天做好自己，以身作则的教育才能使孩子在无形中受到影响。

有这样一个故事：

有一户人家三代人都生活在一起，爷爷老了，体弱多病，只能吃饭，却不能干活，还要人照顾。儿子觉得很不耐烦，整天想把“老不死的”扔掉。有一天，他找了一个大筐，招呼自己的儿子和他一起把“老不死的”装进筐里，抬进了大山。到了深山，他就准备把“老不死的”连筐一起扔掉。没想到孙子却不同意，他说：“这筐不能扔，等你老了，我还要用它和我的儿子抬你呢！”

这个故事形象地告诉我们，父母的一言一行对孩子的影响是非常大的。孩子就是父母的影子，父母怎么做，孩子就会怎么做。

孩子从一出生就和父母生活在一起，父母的一举一动也时刻映在孩子的眼中，孩子的模仿能力又比较强，他们在很小的时候就会将看到、听到、感觉到的东西“融化”在正在发育的大脑里，在以后的日子里就会不知不觉地模仿，包括行动、举止、思维方式、情感取向、习惯以及个人性格等都会受到父母的影响。

有位教育家曾经说过：“父母是孩子人生的第一位老师，他们的每句话、每个举动、每个眼神，甚至看不见的精神世界都能给孩子带来潜移默化的影响。”所以，要想教育出好孩子，父母就要时刻注意自己的言行在孩子心中的影响。

“父母是孩子的一面镜子”，有怎样的父母，就有怎样的孩子。思想高尚、勤劳的父母才会培养出高尚、勤奋的儿子。一个不孝顺长辈的家长，想让自己的儿子成为孝顺的人是不可能的；父母整天跟四邻吵架，就不可能培养出孩子友爱的品质……

好的家庭教育是身教，而不是一遍又一遍地给孩子讲道理。只有自己做好了，才能让孩子去体验、去认识做人做事的规则及方法。你的人生观、价值观通过一言一行流露出来，对孩子产生了潜移默化的影响，正所谓“随风潜入夜，润物细无声”。如果你觉得孩子身上都是毛病，这时身为父母的你就要从自己身上查找一下原因了，从自己身上找“传染源”，检讨自己、改正自己的毛病才能改掉孩子的毛病。

在我国历史上，以身作则的典范中著名的例子是曾国藩，其后代也把它作为家庭教育的传家宝代代相传。曾国藩是清朝重臣，做官和做学问都令人叹服，教育子女也有一套。曾国藩一生居官显赫，但生活简朴，时时不忘反省。他从不给子女买田置业，他经常用自己的实际行动来激励孩子多读书。曾国藩的后代中，学者专家人才辈出，成为古今中外罕见的兴旺之家。

父母是孩子的第一任教师，必须时刻留意自己的一言一行，为孩子树立一个好榜样，为孩子的健康成长营造一个文明、温馨、有礼的家庭环境。

家长还要注意家庭休闲方式，家庭的休闲方式也关系到孩子的成长。例如，家长可以选择自己喜欢的书进行阅读，并与孩子交流感受，开拓孩子的视野。

最后，长辈们对孩子的教育方式要达成共识。要想让孩子健康成长，必须在教育孩子方面统一意见。平时要让孩子承担一些力所能及的家务劳动，特别要教育孩子为长辈做一些事，学会尊重、孝敬长辈，做一个文明、有责任心的孩子。

第二章 自己动手，丰衣足食——独立的孩子才有竞争的『资格』

思考就像播种，行动就是果实。只有辛勤播种，才能有丰富的收获。善于独立思考的孩子才能品尝成功的喜悦。

父母要给孩子独立思考的机会，让独立思考成为孩子的一种习惯，循序渐进地引导孩子认清世界，体味人生，思考自己的未来。

007　放开手让孩子自己走

现代社会，父母对孩子过分宠爱的现象比较突出。很多父母对孩子事事包办，这样，孩子由于缺乏与外界的沟通，就很容易产生依赖心理，形成与父母生活依存的“小圈子”。随着年龄的增长，孩子的性格会渐渐地由“缠人”向“孤僻”发展，从而发展为自卑、任性、脆弱等不良心理，这对孩子的健康成长极为不利。因此，父母应该让孩子学会独立，不要让孩子只在父母的小圈子里活动，要让孩子走出家庭，走向外面的“大圈子”。

很多父母把和孩子的“亲密无间”认为是最好的教育结果，在生活上不给孩子任何动手的空间，吃穿住行都是父母全包，不给孩子尝试任何事的机会。随着年龄的增长，需要孩子动手的事会很多，可是由于父母的原因，很多孩子上幼儿园了还不会自己吃饭，不会自己上厕所……有些孩子上中学了还得由父母帮他们收拾书包，不能独立坐车，事事都要有父母帮忙；有些孩子考大学了，考什么专业都是父母拟定的，没有一点自我的意愿。

其实，以上种种现象都是父母不愿意看到的结果，可又都是父母干预太多的结果。歌德曾经说过："谁不能主宰自己，就永远是一个奴隶。"所以父母要想让孩子学会主宰自己，就要首先让孩子思想"独立"。当孩子遇到困惑或难题时，家长要做的是间接地引导孩子自己想办法，自己作出决定，而不是直接告诉他该怎么做、要怎么做。

很多家长还会有这样的想法：认为孩子小，不会安排自己的活动，所以才事事帮孩子安排好，等到孩子长大了就自然而然地能学会安排自己的事情了。可是，整天什么事都安排好让孩子照做，那么什么时候才能培养出孩子的自主性呢？

有一位父亲的做法值得各位家长借鉴：他的孩子3岁，他每天都会给孩子一段时间让他自己支配，在不出危险的范围内让孩子想做什么就做什么——例如玩，看电视，画画，拼图，或者什么也不干……在自己没什么事情可做的情况下，孩子就会主动来找父母，让父母提供一些指导性建议。时间长了，孩子渐渐就学会了安排自己的时间，也学会了珍惜时间。

每个孩子都是一个独立的个体，有着和大人不同的想法，他们不希望整天被人控制，想自己动手做好每一件事情，不想爸爸妈妈每件事都插手。所以父母要让他们学会自己解决问题，这样不仅培养了孩子的自主意识，也提高了其分辨是非的能力。

孩子的自主性主要表现在自主选择上。很多家长担心孩子太小会做出错误的选择，所以就剥夺孩子的选择权，这样的孩子长大后没有办法适应激烈的社会竞争。家长应主动给孩子选择的权利，并教会孩子对自己的选择负责。

一位家长带孩子去少年宫报名，本来家长想让孩子学电子琴的，在舞蹈组门口看到孩子看得出了神，就尊重了孩子的选择，同时也提出要求：她对自己的选择要负责，一定要坚持一个阶段，把舞蹈学好。孩子很高兴地答应了妈妈的条件，认认真真地学习舞蹈。

随着孩子一步步地成长，父母要给孩子自己发展的机会，让孩子勇敢向前；放开双手，给孩子一个自主的机会；让孩子历经风雨，成长成一个有能力、有魄力的人。

008 给孩子独立思考的机会

很多父母从来不曾考虑过孩子的感受，不考虑什么事情是需要孩子自己去考虑、去想办法、去解决、去处理的。每当孩子遇上困难时，父母就会毫不犹豫地帮孩子把困难解决。渐渐地，孩子就不愿意自己去思考了，有事就让父母解决。长此以往，孩子的思考能力就被扼杀了，解决问题的能力就更不用提了。

在美国，一家著名的节目主持人比尔采访一个七八岁的女孩："你的理想是什么？"女孩充满自信地答道："长大后我要做总统。"全场观众哗然。比尔很吃惊地问道："那你说说看，为什么美国至今没有女总统？"女孩想都不想就回答："因为男人不投她的票。"全场又是一阵大笑。比尔说："你肯定是因为男人不投她的票吗？"女孩不屑地说："当然肯定。"比尔意味深长地笑笑，对全场观众说："请投她票的男人举手。"在笑声中有许多男人举起了手。比尔得意地说："你看，有不少男人投你的票呀。"女孩不为所动，淡淡地说："还不到三分之一。"比尔装出不相信的样子，对观众说道："请在场的所有男人把手举起来。"在哄堂大笑中，所有的男人都举起了手。女孩却露出了一丝轻蔑的笑意："他们不诚实，他们心里并不愿投我的票。"听到她的话许多人都目瞪口呆。然后是一片掌声，一片惊叹……

这个采访是一个孩子独立思考的典型事例，在没有任何人提示和帮助的情况下，女孩凭借自己的判断和思考，从容地和主持人进行问答。这种独立思考的能力是许多孩子欠缺的。

思考就像播种，行动就是果实。只有辛勤播种，才能有丰富的收获。善于独立思考的孩子才能品尝成功的喜悦。爱因斯坦曾经说过："学会独立思考和独立判断比获得知识更重要。"他还说："不下决心培养思考习惯的人，便失去了生活的最大乐趣。"

父母要给孩子独立思考的机会，让独立思考成为孩子的一种习惯，循序渐进地引导孩子认清世界，体味人生，思考自己的未来。

孩子上小学后思维有了进一步的发展，抽象思维开始萌芽和发展，此时是提高孩子的思维水平和思考能力的大好时机。

培养孩子的独立思考能力，父母可以从以下几个方面着手：

1. 为孩子的思考创造一个良好的家庭氛围。一位妈妈为了培养孩子思考问题的习惯，在孩子很小的时候就开始给孩子朗读简单的诗词，让孩子边听边思考。她先读一首诗，接着让孩子想象一下，然后和孩子一起讨论，由此引发孩子联想出一连串问题。在孩子上小学的时候，这个孩子的思维能力就比别的孩子强很多。

2．对孩子提问题，让孩子去思考。父母可以多带孩子去户外玩，比如去博物馆、艺术馆等，但是不要走马观花地看，欣赏的时候不妨提出一些简单的问题让孩子思考，如“恐龙如果复活了，地球会变成什么样”之类的问题，引导孩子思考。在家里也可不时地提出问题让孩子思考。如一家人围聚一桌共进晚餐时，可以议论一天中发生的种种事情，这是一个指导孩子的最好的机会。

3．让孩子多听取不同的意见。孩子上小学后，对自己的想法总会滔滔不绝，但是对别人的话总是缺少一份仔细倾听的耐心。由于听不进别人的意见，就会对别人好的见解造成忽略。例如孩子说邻居家的小伙伴是“笨蛋”，这时最好让孩子去问问别人的意见，问问别人对那个孩子的评价，这样可能使孩子知道自己未曾想到过的那些方面。同样，家长也可以让孩子留意新闻、广播等对同一事实的种种不同分析，对孩子学会集思广益大有好处。

4．鼓励孩子大胆地提出自己的疑问。在剑桥大学，有人问大哲学家穆尔谁是他最得意的学生，穆尔毫不犹豫地回答：“是维特根斯坦。”“为什么？”“因为在我所有的学生中，只有他一个人在听我讲课的时候，老是露出迷茫的神色，老是有一大堆的问题。”

正如穆尔所预料的那样，维特根斯坦的名气越来越大，甚至渐渐地超过了穆尔。人们问穆尔他为什么会落后于一个新人的时候，穆尔坦率地说："因为我已经没有问题了。"鼓励孩子大胆地对自己有疑问的事情提出问题，可以提升孩子的智力，父母从小就要培养孩子具备这种习惯。因为问得越多，知道得就越多，就越能刺激孩子的好奇心和上进精神。

5. 倾听孩子叙述自己的想法。在父母眼中，孩子的想法常常是天真、幼稚甚至可笑的。尽管如此，父母仍要学会抓住他们谈话中有趣的、有道理的论点，鼓励孩子深入"阐述"，让孩子体会到思考的乐趣，增强自我探索的信心。

总之，父母不要把孩子的一切事物都安排得妥帖周到，而要给孩子营造一个思考的空间，让孩子大胆地去想，并认真倾听孩子的想法。

009　让孩子对自己的过失负责

人非圣贤，孰能无过？在孩子犯错的时候，父母尽量不要大声斥责，更不要夸大其词地恐吓孩子。父母要保持冷静，给孩子讲道理，指出弥补过失的方法。一般来说，孩子有了过失的时候，恰恰是教育的良机，因为内疚和不安会使孩子急于向父母求助。

父母如果处理不当，孩子可能会对自己的过失毫不在意，不利于孩子责任心的培养，也可能让孩子由于过于恐惧而变得胆小怯懦；如果处理得当，孩子就可能吃一堑长一智，由此走向成熟，成为一个富有责任感的现代人。所以，孩子犯错并不可怕，可怕的是父母没有让他学会对自己的过失负责。

如果孩子做了对人没礼貌或损害别人利益的事，很多家长都会说孩子还小，不懂事，并会代替孩子去向别人道歉，承担孩子所犯的错。其实这种做法是不正确的，这会让孩子慢慢地对自己的错误不以为然，不利于孩子责任心的培养。

有这样一个故事：

高桥先生是秘鲁大学的客座教授，曾与一对来自美国的教授夫妇比邻而居。有一天，这对夫妇的小儿子不小心将足球踢到了高桥先生的家门上，打碎了一块花色玻璃。

这件事发生以后，按照东方人的思维习惯，高桥先生认为，那对美国夫妇很快就会登门道歉。然而，出乎他意料的是，他们在儿子闯祸之后，根本就没有出现。第二天一大早，邻居家的那个孩子自己在出租车司机的帮助下送来了一块玻璃。小孩子彬彬有礼地对高桥先生说："叔叔，对不起。昨天是我不小心打碎了您家的玻璃，但是那个时候商店已经关门了，所以没能及时赔偿你。今天一大早我就去买了这块玻璃，请您收下它，也希望您能原谅我的过失。我保证不会再让这种事情发生了，请您相信我。"

理所当然地，高桥先生不仅原谅了他，而且喜欢上了这个通情达理的孩子。他们热情地款待孩子吃了早饭，还送他一袋日本糖果。

事情本来可以到此为止，然而，让人想不到的是，当孩子拿着那袋糖果回家之后，那对美国教授却出面了。他们将那袋还没有开封的糖果还给了高桥夫妇，并且给出了一个这样的理由：一个孩子在闯了祸的时候，不应该得到奖励。

在这对美国夫妇看来，孩子要从小学会对自己的行为负责。孩子打碎了邻居家的玻璃，所以他要花掉自己的零花钱买玻璃赔给别人。但是，他绝不会因此得到家长一分钱的“补贴”。如果钱不够的话，可以向父母借，但他必须有自己的还款计划。比如，早晨为附近的邻居送牛奶、取报纸；周末为别人修剪草坪，节约自己每周的零花钱等。之所以这样做，是为了让孩子为自己的过失付出代价。只有付出这种代价之后，他才能接受这个宝贵的人生教训。

这对美国夫妇的教育观念值得父母们学习。孩子做了错事，由父母替孩子认错、向别人道歉，表面上是爱孩子，其实这种“疼爱”不是真正的疼爱，它是在“袒护”孩子的过错。孩子既不能从中获得应有的教训，也不能树立起对自己言行负责的责任感，还可能会把过错当成微不足道的小事，以后还很可能重犯过去的错误。

孩子小时候，一般还不会做出太“出格”的事，但是如果每次都是家长代孩子“受过”，久而久之，孩子就会觉得有家长给他“兜着”，对自己的言行就会很容易放任，逐步变得肆无忌惮，那时候家长再管教就会很难了。

当然，让孩子对自己的过失负责，这和体罚、伤害孩子完全是两码事。让孩子承担自己的过失是一种建立在对孩子尊重和信任的基础上的，是一种因人而异、适可而止的教育技巧，它和赏识教育的目的殊途同归，都是为了培养孩子健康的人格。

010 让孩子学会控制自己的情绪

广义的“任性”可以理解为一种心理因素；狭义的“任性”就可以认为是一种情绪。情绪是与生俱来的，它几乎随着孩子呼吸、心跳的开始就产生了；而心理因素却如同孩子的成长一样，是在发育的过程中逐渐成形的。

很多父母认为，教育孩子就是要跟孩子讲大道理，尤其是在孩子哭闹的时候。但是很多时候，父母这样做往往会事与愿违，孩子毕竟是孩子，哭闹的时候是听不进大道理的。所以，在说理之后孩子继续哭闹，父母就会大声斥责孩子、批评孩子。这样做可能会让孩子迫于父母的威严而暂时停止哭泣，但结果是既伤了孩子的自尊心，也伤了孩子和父母间的感情，可能让孩子养成刁蛮任性的习惯。

比如孩子看到了自己喜欢的玩具，爸爸妈妈却不买给他，孩子就会哭闹不止，以此来发泄自己心中的委屈。其实孩子的这种做法的根源是小时候父母无条件、无原则地满足他的需求。

我们可以在孩子的成长过程中教育孩子学会控制自己的情绪。作为父母，应该掌握与孩子沟通的技巧，对孩子的需求不直接拒绝，也不要轻易满足，少跟孩子说“你不可以……你不要……你不能……”

要想让孩子有自制力，父母应该从以下几个方面着手：

1. 给孩子立规矩。从下就对孩子的生活立规矩，会让孩子懂得生活是有很多界限的。在孩子上学之前就给他设限，让他明白不能做那些自己控制不了的事情。同时，不要让规矩停留在口头上，既然有了规矩就要坚决执行，最好全家人一视同仁，不搞特殊。

2. 了解孩子的想法，对症下“药”。孩子任性是一种心理需求的表现，从婴幼儿时期就开始了。随着接触事物的增多，他们对事物有了认识，但是由于发展不成熟，他们不可能像成人一样对事物进行理性的分析。所以，父母要想解决孩子的任性，就要了解孩子的想法，站在孩子的角度考虑问题，尽量理解他们。

孩子的每一次任性都有他自己的理由，父母要认真分析产生这种情绪的原因，了解其原因后，就可以提出有针对性的约束方法。

面对孩子的任性，父母的言传身教显得非常重要。日常生活中，父母就要处处做典范，为孩子树立良好的榜样：答应孩子的事情，一定要做到；做不到的不要答应孩子，不能说话不算话，以免孩子无意中学会说谎。

3. 有些事情可以让孩子做出决定和选择。孩子终将长大，要走自己的路，要有自己的决定。父母要从小培养孩子判断的能力，让他尝试对一些事做出选择和决定。从小就在小事上做决定和价值判断，孩子就可以尝到做出错误决定的后果。长大以后，也就能做出更好的选择了。

4．使用自行负责的方式释放情绪。孩子发怒是正常的事，此时父母要做的不是对孩子大声斥责，而是应该告诉孩子，你可以生气，但是不可以伤害别人或者拿东西发泄，尝试着把孩子带出那种“一触即发”的环境，并试着分散他的注意力。如果这样做仍然不能让孩子停止发脾气，父母可以暂时不要理睬孩子，可以让孩子一个人待一会儿，发泄之后他才能静下心来思考那些大道理，从而认识到自己的不足。父母也可以教孩子一些消除压力和怒气的办法。比如：到操场去打篮球、和小狗小猫玩，或者父母画一幅孩子生气时模样的画给他看，转移他的注意力。

5．让孩子承担责任，也给他自主权。如果孩子要求更多的自由，父母不要强制地剥夺他的自由，而应在给他更大自由的同时要求他为这种自由承担责任。如果他真的能尽责，就继续让他拥有自由。

面对容易冲动、任性的孩子，父母最好充满幽默感，不要完全控制孩子的冲动。当然，也可以制订一些规则，比如：不许大喊大叫、不许用暴力、不许说侮辱人的话等。若违反条规，则做出相应的惩罚，如适当减少孩子的零花钱等，这样可以帮助孩子学会控制自己的情绪。这是一件不容易的事情，父母一定要耐心地进行下去。只有学会了控制自己的情绪，孩子才会有一个好的发展。父母在教育孩子的过程中要善于用适当的言语多解释，切忌用打骂的方式来教育孩子，否则只会造成孩子产生逆反心理。

011　爱劳动的孩子才能独立

让孩子做家务，这虽然说是一件小事，但是绝不能小看。很多父母认为："现在孩子小，等他长大了就自然会劳动了。"其实这种想法是错误的，孩子从小养成劳动习惯，有利于孩子良好性格的形成。从3岁上幼儿园开始，孩子就会慢慢懂得怎样讲卫生、爱清洁、怎样做好自己的事情等。这些看起来很小的事，会让孩子终身受益。

但是，有些父母会说："孩子学习负担重，作业也很多，做家务只能耽误孩子的学习时间。"其实，父母应该换个角度思考，孩子的学习任务确实很繁重，除了上课之外，回家之后还要做很多作业，但并不是没有一点时间来做家务。让孩子做家务可以培养孩子的勤俭节约的品德，让孩子每天做一些固定的劳动任务，给孩子确定固定的目标。有了明确的目标，孩子就会把家务当成任务来做，例如扫地、洗碗、擦鞋子等，可以逐步培养孩子热爱劳动的观念。

从孩子自身角度来说，其实他们是喜欢做家务的。孩子天生好动，很乐意自己动手做事。父母要因势利导，鼓励孩子参加一些力所能及的劳动，让孩子像玩一场特别的游戏一样。时间长了，可以让孩子懂得劳动对人生的重要作用，教孩子懂得生活的艰辛。这样可以磨炼孩子的意志，使他们从小萌发自立的意识，提高孩子独立生活的能力。

那么，如何培养孩子热爱劳动的习惯呢？

1. 身教重于言教。父母是孩子的第一任老师，因此，父母在生活的各个方面都要注意自己的言行举止。在做家务方面，父母的言传身教可以让孩子觉得做家务是生活的一部分，让孩子自然而然地养成爱劳动的好习惯。那些衣来伸手，饭来张口的孩子，就不会明白父母的治家之难。人们常说“不当家不知柴米贵”，不做家务的孩子还喜欢挑食，常常抱怨父母这个菜烧得不好吃，那个汤调得不鲜美。偶尔一次吃饭晚了，就会耍孩子脾气。孩子参加完家务劳动后，就会对家有一种不一样的感情。他们就会更多地体谅父母，体会到做父母的挑起这个“家”不容易。

要想让孩子爱上劳动，父母就要注意自己的言行举止，不要流露出对做家务的厌恶感。

把劳动列为家规的内容之一。父母可以制定一个全家成员共同遵守的生活规则和行为规范，形成一种无声的命令。明确、合理、可行的家规可以促进孩子健康成长，它可以约束、帮助和教育孩子在家庭中形成良好的行为习惯。

把劳动列为家规的内容之一，要写得条理清楚、明明白白。比如：规定每天起床后要叠好自己的被子，收拾好自己的房间。家规要随着孩子的长大而不断改变。

聪明的父母总是让孩子从小就做一些力所能及的事情，可以培养孩子的责任心，让孩子在和困难拼搏中日益成熟。

2．无论孩子做得如何，别忘了给予他赞许和鼓励。很多父母都会注意到这样的现象：孩子刚刚学会走路，就想拿着扫把扫地；妈妈洗菜的时候他就蹒跚着去帮忙；看见奶奶洗衣服也想凑过去帮一把。这些现象表明孩子有极强的模仿能力，父母应该确引导，培养孩子劳动的兴趣。要想培养孩子的兴趣，就要及时肯定，并给予表扬。及时鼓励孩子，并对他们的能力进行肯定，这对孩子的成长十分有利。比如在孩子洗了碗之后，妈妈可称赞说：“碗是谁洗的呀？真干净。”这样的奖励比给他一块蛋糕更甜。

孩子因为年龄小，能力和耐力都有限，做事情自然也不如大人成熟，所以在孩子做家务的时候，父母就应让孩子知道：他所做的事对全家都有很大的帮助，他是家里不可少的一分子！或者让孩子感到自己所做的每一件小事大家都注意到了。这样做可以让孩子有成就感，爱上劳动，进而把劳动当做一种习惯。

当然，让孩子进行劳动并不能简单地把他当劳动力使唤，也不能把劳动当成孩子做错事后的一种惩罚手段，不应简单地以金钱和物质对孩子的劳动进行奖赏。父母应该重视劳动过程，让孩子感受劳动的快乐。

3．放手让孩子参加劳动。很多孩子不参加劳动，不是因为他们不愿意劳动，而是因为父母不给孩子参加劳动的机会，认为孩子干不好家务。孩子拖地，父母会觉得不干净，活稍重一点会怕累着孩子，做家务又怕浪费孩子的时间，影响孩子的学业，所以就不愿让孩子参与任何劳动了。

其实，父母的这种想法是很片面的，做家务不仅仅是一项劳动，它还可以锻炼孩子的身体、思维能力。孩子做家务可以让孩子的生活更充实，也会增强幸福感。

对孩子来说，劳动不单单是劳动，也是游戏。父母要放开手，让孩子参加劳动。鼓励孩子劳动的热情，用足够的耐心让孩子感受到劳动的乐趣，发挥劳动教育的效果。

第三章 小小少年，没有烦恼——塑造孩子不怕竞争的性格

人的智力高低跟智能开发是否全面、是否科学有很大关系，人的命运如何则由这个人的性格品质决定。优良的性格品质是人成长最积极的因素，而不良的性格乃至恶习则是一种破坏性的力量。

所以，父母要想培养出一个有成就的孩子，就要对孩子性格培养有一个清醒的认识，要正确对待孩子的性格。

012 性格决定孩子的命运

性格是一个人对人、对事、对自己稳定的态度和习惯化的行为方式，是人非智力心理品质的核心。性格一旦形成，就会稳定地存在下去，即成为这个人内在心灵的“长相”。

美国心理学家特尔曼想研究从小就智力出众的孩子是不是都能成才，他做过这样一个实验：

特尔曼从25万个小学生中挑选了智力最高的1528个孩子，然后对这些百里挑一的聪明孩子进行跟踪调查，看他们长大后会成为什么样子。

50年过去了，调查人员再去调研这些孩子，发现他们中有些人成了企业家，有的是学者、工程师，有的当了国会议员；但是也有一些一事无成者，有一些人穷困潦倒，还有人成了罪犯，有的成了流浪汉。研究人员对这么迥异的结果感到疑惑，于是就分析了这些人的档案材料。

结果发现：那些失败者的问题多数出在性格品质上。出问题的人从小就有明显的性格弱点，如懒惰、

自私、骄傲、自暴自弃、懦弱、孤僻、缺乏意志力等，
这些因素无形中损害了他们，影响了他们的正常发展，
甚至让他们走上了不归路。

这个调查表明，性格是成功的诸多要素中起决定作用的一个因素。人的性格是成就人生事业的保证，一个人理想道德的基石是缔造幸福生活的重要条件，同时也是智力开发的重要组成部分。只有热爱生活、积极向上、兴趣广泛、乐观、坚忍不拔、善于处理人际关系的人才会拥有美好的人生。

一位哲人说过：“一个人的命运就在他的性格中，一个人一生是否有所作为，是否幸福，起决定性作用的因素往往就是性格，而不是智力。”人的智力高低跟智能开发是否全面、是否科学有很大关系，人的命运如何则由这个人的性格品质决定。优良的性格品质是人成长最积极的因素，而不良的性格乃至恶习则是一种破坏性的力量。

所以，父母要想培养出一个有成就的孩子，就要对孩子性格培养有一个清醒的认识，要正确对待孩子的性格。

1. 人的理想、信念和道德要有优良的性格做基础。人只有拥有了积极开朗、正直诚实、勤劳善良的性格特征，才会有真正崇高的理想和追求。许多成功人士从小就是活泼上进、热爱生活、关心父母、关心他人，随着年龄的增长，他们爱国家、爱人民、爱全人类，希望人间更美好。只有把理想建立在这样的基础上才可靠。如果在孩子小的时候不灌输同情心和爱心，不去培养道德情操、道德行为和道德习惯，等长大了再去灌输

道德认识为时已晚。

2．优良性格是事业成功的保证。人的一生不可能一帆风顺，在人生的旅途上，再小的收获都要付出艰辛的劳动。所以在理想的事业面前，只有那些性格坚强、乐观、自信、刻苦、一往无前、勇于创造、不怕牺牲和耐得住寂寞的人，才有希望到达成功的彼岸。诺贝尔发明了液体炸药后，为了控制恶性爆炸事故，他不断地和“死神”拼搏，不停地做控制爆炸实验。多次试验中，他失去了助手、兄弟，父亲也被炸成重伤。但是诺贝尔凭着坚定不移的性格，把实验搬到船上。终于有一天，一声爆炸之后，诺贝尔血肉模糊地从实验室里爬了出来，喊道：“我成功了！我成功了！”他为自己掌握了爆炸控制技术而激动得忘了流血和受伤。如果不是有坚强的性格和顽强的意志，他怎么可能取得实验的成功呢？

3．优良性格能促进智能发展。孩子智能开发的“内驱力”主要来自性格中的好奇心、求趣心、好胜心、自信心等“动力器”。如果孩子性格中没有这些“动力器”，没有精神生活的要求，而是任性、孤僻、吵闹、折腾，那么孩子的注意力就不能集中，感知就不清晰，观察就不仔细，记忆就很模糊，想象力就不丰富，就不可能很好地开发智能。

4．优良性格是人生幸福的主要条件。现代自然环境和社会环境都极其复杂，失败、挫折、打击都是屡见不鲜的，只有优良的性格才能维持心理的平衡。父母不可能永远做孩子的保护神，也无法把孩子的未来安排得尽善尽美，但是父母可以帮他们从小培养良好的性格，使他们勇敢地去适应环境，创造属于自己的幸福。

性格对一个人来说，就如古希腊哲学家赫拉克里特说的那样，人的性格就是他的命运。所以，父母要尽可能早地培养孩子的优良性格，把性格培养放在家庭教育的首位。

013 眼泪不等于懦弱

父母要引导孩子释放内心委屈的情绪。当孩子觉得委屈的时候，父母要及时了解他们委屈的原因，及时让孩子这种委屈的情绪得到释放，这样才能让他们形成健康、乐观的人格。

只要孩子没有过分的言行，父母最好应接受孩子的情绪，并允许孩子适度用哭泣的方式来释放情绪。等孩子哭过之后，平静下来时再好好地安慰孩子，设法使他们的情绪在爆发后逐渐恢复平复。孩子的情绪平静后，父母可让孩子述说事情的来龙去脉，鼓励孩子说出自己的感受，并说出产生这种感受的原因。父母应认真听听孩子的诉说，然后引导孩子学会站在他人的角度思考问题。

但是，父母必须记住：不要对孩子无条件地顺从，毫无原则地一味迁就孩子会让其行为越来越过分。

让孩子释放自己内心的委屈，可以从以下几个方面来进行：

1. 要让孩子把委屈说出来。许多孩子在外面受了委屈，由于年龄小，不会表达或者不敢表达，可能回家后也不敢跟爸爸妈妈说；或者是想说又不知道怎么说，时间长了，就可能造成心理压力。

如果父母不细心，考虑不到孩子的情绪，就会造成孩子的心理创伤，不利于孩子健康人格的形成。所以，在孩子受委屈的时候父母要学会倾听，及时引导孩子表达出来。

2. 在孩子闹情绪的时候父母不要用讲道理来压抑。很多父母和孩子沟通，很容易陷入“讲道理”的误区。殊不知，那些道理对孩子的表达有压制作用，孩子会无形中觉得自己做错了事，内心会产生严重的压抑。

孩子还小，事情做得不好也是情理之中的事，父母不能用成年人的标准要求孩子，不要讲“你本来应该那样做”或者“你以后应该那样做”。

3. 在情绪处理上，父母要学会引导孩子表达对这件事的愤怒。愤怒是一种最容易被压制的情绪，但是压制愤怒对孩子的成长是不利的。比如说，孩子可能会对老师的某些做法不认同，或者老师的一次误会的批评会让孩子产生愤怒的情绪。有些父母害怕孩子的不满会造成老师对孩子的不友好态度，所以就会将孩子对老师的愤怒情绪加以压制，不鼓励孩子表达愤怒的情绪，这种做法是错误的。如果走入这个误区，孩子可能表面上听话，但是可能会把愤怒的情绪积累到内心深处，也可能把“老师错了”变成“我错了”，这样孩子的自信心就会降低，时间长了，孩子可能变得懦弱、厌学、学习不专心等。

4. 要注意提高孩子的心理成熟度。孩子在成长的过程中遇到挫折是在所难免的，爸爸妈妈要提高孩子的心理成熟度，不要让孩子一直觉得委屈，而要让孩子学会合理调节自己的情绪。心理成熟度高的孩子，对环境和社会的适应能力较强，他们的自控能力、承受能力也会比较好。而心理成熟度差的孩子，就不太容易适应不断变化的环境，也不太容易形成良好的自我控制，更容易出现心理方面的问题。

父母只有做到耐心，认真倾听孩子的心声，并给予及时的劝慰和引导，孩子的委屈情绪才会逐渐消散，才能拥有一个明媚的心情。

014　你的孩子不再是胆小鬼

父母都希望自己的孩子勇敢、坚强，如果发现孩子胆小，就会感到焦虑。

孩子胆小有以下几点原因：

1. 孩子的生活范围小。有些孩子从出生只在很小的范围内活动，跟外界接触太少，这是孩子认生、胆小的主要原因。所以，父母要多给孩子创造接触外界的机会，让孩子多和人接触，锻炼孩子的胆量。

2. 父母在日常生活中过多地限制孩子。如孩子每一个小动作都会换来大人的指责：孩子摸一下茶杯，就会叫“别动，摔了怎么办!”孩子摸摸扫帚，大人就说“扎着你，多脏，快放下”等，就会把孩子尝试新事物的胆量给磨没了，从而变得胆小。

3. 父母的教育方法不得当。当孩子不听话时，成年人就恐吓孩子，会使孩子产生恐惧感，失去安全感，从而胆小；当孩子哭闹时，有的父母经常用“狼”、“妖怪”等词汇来吓唬孩子；有些父母在孩子想出去玩时，便用“外面有骗子，会把你拐走”等话语来打消孩子的念头，使孩子的内心留下阴影；还有的对孩子期望过高，一旦孩子做错了事，轻则训斥重则打骂，使孩子因害怕失败而退缩。

面对孩子胆小的性格，父母应该从以下几个方面来进行纠正：

1．用正确的教育方式教孩子。当孩子任性时，千万不能编造谎言，以威胁性的语言吓唬孩子，“再不听话，叫老虎把你吃掉”。更不能把孩子关在小黑屋子里，也不能在晚上把孩子推出门外。要给孩子正确的教育，如果孩子害怕打雷，看到闪电感到害怕，父母可以用简单的语言，给孩子讲打雷的科学道理，让孩子消除恐惧感。父母千万不要给孩子扣上“没用”、“胆小鬼”的帽子，不要对孩子的胆怯进行打击。当孩子的表现不尽如人意时，父母要耐心地予以安慰和鼓励。一个温暖坚定的眼神，就能让孩子鼓足勇气，增强孩子的自信心。

2．榜样作用。父母应当给胆小的孩子树立榜样，如果孩子害怕小狗，爸爸妈妈就可以带孩子多跟小狗接触，让孩子看到爸爸妈妈可以跟小狗很好的相处，让孩子感到，其实小狗并不可怕，慢慢消除孩子害怕的心理。父母须从自身入手，不要把自己认为害怕的事情灌输给孩子。

3．帮助该子消除恐惧。如果孩子害怕黑暗，一个人睡的时候不敢关灯，妈妈就可以帮助孩子装一个灯光柔和的床头灯或壁灯，教孩子学会开灯、关灯，自己掌握黑暗与明亮的主动权，帮助孩子消除对黑暗的害怕心理。

4．父母要在孩子心中树立一个保护者的形象。孩子遇到了可怕的事物，他就希望有更强大的人来保护他，那样才不会因为无助而陷入恐慌。爸爸是最适合担当这一角色的人。妈妈在给孩子讲童话故事时，可以告诉孩子爸爸是猎人，猎人专门打大灰狼、狐狸、老虎……这样就可以给孩子壮胆，让孩子减少恐惧心理。

对待胆怯的孩子，爸爸妈妈最好给他创设一个“没有压力”的环境。对于大多数独生子女来说，父母要放手让孩子大胆地做事，才能锻炼孩子，才能使孩子变得勇敢坚强，逐渐成长为一个富有勇敢精神的人。

015 改变孩子不合群的性格

合群作为一种性格特征，具有既能够接受别人，同时也能被人接受的社会适应性特点。但是，现实生活中，由于生活习惯等因素的影响，很多孩子跟别人接触不多，性格也有点孤僻，不知道该如何与别人接触。这不仅不利于孩子和谐人际关系的建立，还会产生心理上安全感和归属感的缺乏，造成孩子的孤独感，有碍孩子身心的健康。

一般情况下，孩子到了四五岁的时候，就具备了与同伴进行自由平等的合作游戏的身心发展条件，虽然爸妈也已成为他们的好伙伴，但是他们开始更多地追求与同龄小朋友的玩耍了。但是由于每个孩子都有不同的性格，所以会造成一些孩子不合群的现象出现。如果孩子性格内向、不太合群，爸爸妈妈可以从多方面着手使孩子变得活泼开朗一些。

1. 多带孩子去户外玩。让孩子多接触大自然，就算孩子还是不和别的孩子交流，但是身边孩子的存在也会对他产生影响。这样可以给孩子多观察其他小朋友的机会，渐渐熟悉他们的行为方式，还可能会记住别的小朋友的名字，慢慢地等孩子与别人伴交流的心理基础打好了，他就愿意跟别人交流了。

2．不要强迫孩子跟别的小朋友玩。父母可以鼓励孩子和别人一起做游戏，如果孩子不愿意，也不要强迫他。可以给孩子买一些别的孩子拥有的玩具，这样可以让孩子产生互相交流的平台，为孩子的交流提供物质基础。

3．培养孩子关心别人的心理。孩子学会了关心别人，就可以帮助别人克服困难，这样就能赢得别人的尊重和喜爱，也能给孩子带来满足感，增加孩子与人交往的自信心。

4．教孩子一些交际技能。如果孩子在与人交往时总是失败，就可能产生消极的情绪，进而会形成不合群的性格。这时候可以让孩子多学习一点交往的艺术，有助于交往的成功。例如，让孩子多掌握几种文体活动技能，如球类运动，这样就会在很多场合受到别人的欢迎；可以教孩子学习一些与人交往的礼仪，让孩子明白什么场合该怎么说话，该注意什么细节，这样就有利于孩子与别人打交道。

5．让孩子懂得和别人交换意见。合群性格的形成有赖于良好的人际关系，良好的人际关系始于相互的了解，相互了解又建立在彼此思想交流和态度沟通上。所以要想让孩子养成合群的性格，就要让他经常找机会与别人谈谈话、聊聊天，讨论某些问题，交换一些意见是十分必要的。

孟子曾说过：“爱人者恒爱之。”友情是在相互的施与爱之中生长的。只有让孩子学会主动向别人伸出友善的手，才能让孩子赢得更多的友谊，才能让孩子变得合群。

016　改变孩子的“慢性子”

很多父母都有这样的抱怨：孩子写作业慢，做什么事都慢吞吞的，看着让人着急……有些父母还为此骂孩子甚至打孩子。要想让孩子改变这种慢吞吞的性子，就要从小就对孩子积极鼓励，力争把每一件小事做好、做快。要对孩子多表扬、多肯定。要让孩子喜欢多表现，让孩子有成就感，提高孩子的兴趣。鼓励他“我的地盘我做主”，增进参与意识，自己的事自然会做得更快。

要让孩子改变慢性子，就要先明白孩子动作慢吞吞的原因：

一是孩子注意力不集中。因为一些无关诱因的吸引，比如吃饭时边看动画片边吃。

二是没有时间观念，既不紧张，也不着急，对任何事都不在乎。

三是缺少动手的机会。父母总是觉得孩子做事太慢，就会任何事都帮忙或干脆代劳，让孩子动手的机会越来越少，孩子做事也就越来越慢。

纠正孩子慢吞吞的习惯，要从以下几个方面做起：

1. 让孩子认识到时间的价值。没有时间观念的孩子做事往往会很磨蹭，他根本不知道时间意味着什么。对于爱磨蹭的孩子，父母要做的就是培养其时间观念，让孩子意识到时间是世界上最宝贵的财富，让孩子学会珍惜时间。多给孩子讲一些古往今来成功人士珍惜时间的事例，也可以在家里贴一些名言警句来提醒孩子。另外，与孩子一起讨论磨蹭的害处，让他明白一个做事磨磨蹭蹭的人会白白浪费许多时间，这样的人不仅做事效率不高，在现代这个竞争激烈的社会根本生存不下去。

2. 及时给孩子鼓励和奖赏。表扬和鼓励能调动孩子的积极性，孩子受到的表扬越多，对自己的期望也就越高。想要让孩子改掉慢吞吞的毛病，及时地表扬和赞赏是最有效的。父母要经常对孩子说“你现在比过去有进步了”；“你看你做得多快”；“你如果再快一点儿就更出色了”；“做得真棒，加油啊”，孩子受到正面的外部刺激，为了不让父母失望，以后做事就会有意识地提醒自己快点儿。为了让孩子更有动力，父母可以在孩子做事速度提高的时候，适当给一些奖励，比如给孩子加一个小红星，也可以带孩子外出游玩，或者孩子买他想要的玩具等。用鼓励和奖赏来“催”孩子做事，这样能够取得较好的效果。

3. 让孩子知道慢性子有时候是要付出代价的。磨蹭，有时候会带来比较大的损失，让孩子看到损失，他才可能自觉地提高做事的速度。比如孩子起床后大脑还处在迷糊状态，所以总会磨磨蹭蹭。这时候父母不要急，也不要帮他收拾书包等，可以提醒他：“再不快点上学可要迟到了。”提醒之后如果孩子还在那里磨磨蹭蹭的，不妨让他体验一回迟到的滋味。孩子亲身体验了上学迟到被老师批评的滋味后，就会在以后的日子里加快自己的速度，改掉磨蹭的坏习惯。

4. 不能用责怪、打骂的方式纠正孩子的“慢”。有些父母性子比较急躁，面对做事慢的孩子总会忍不住大发脾气，冲孩子大吵大嚷、责备不停，甚至打骂孩子。但是这些简单、粗暴的方式使孩子可能因为害怕而暂时加快速度，之后孩子做事依然会慢吞吞的。对于孩子的“慢”，父母要先搞清楚孩子做事慢的原因。可能是因为这件事对孩子来说难度比较大，孩子不知道做得快的要领；也可能孩子已经养成了磨蹭的习惯，父母的大吵大嚷只会让孩子不知所措，做事的速度反而变得更慢了。

5. 让孩子看到做事“快”的好处。只有让孩子亲身体会到“快”的好处，他才会自觉地“快”起来。许多父母望子成龙心切，希望孩子多学少玩，最好是不玩只学。孩子完成了学习任务，父母还经常给孩子增加额外的任务。爱玩是孩子的天性，但是父母的命令又不敢违抗，所以就用磨蹭来应付父母的附加任务。所以父母在孩子较快地完成了学习任务之后，就要让孩子做自己想做的事，那样就会让孩子自觉地提高学习效率，以节省更多的时间来做自己想做的事了。

6. 教会孩子必要的技能。有些孩子做事磨蹭可能是因为他对所做的某件事不熟练，不知道其中的技巧。如果想让孩子快起来，最好教会他们一些基本的技能，比如穿衣服更快的技巧、洗漱不浪费时间方法、整理玩具的小窍门、学习用品摆放要有分门归类、先复习后做作业可以节约时间等。

另外，让孩子多动手，提高孩子的动手能力，协调孩子的手部动作等方法都能提高孩子的做事效率。

017 让孩子明白急躁是不能成事的

有些孩子做事慢吞吞的，也有的孩子养成了一副急躁脾气，稍微遇上一点不顺心的事就会激动不安，如热锅上的蚂蚁；有的孩子想到什么就做什么，完全没有计划，急于求成，一件事失败了还没有想明白失败的原因，就急躁地投入到第二件事中去，常常造成“忙中生乱”、“殃及他人”和“欲速则不达”的不良结果。孩子为什么会这么急躁呢？父母应该找一下原因：

1. 长期不安静的生活环境会让孩子形成急躁的性格。如果家庭成员中有人经常唠叨、酗酒、赌博、吵架、甚至打闹等，或者周围的人经常制造一些嘈杂的噪音，影响孩子的生活，就会让孩子形成烦躁不安的性格。

2. 父母的溺爱使孩子缺乏独立性，做什么事都有依赖心理，而依赖心理是急躁个性形成的土壤。有的父母大事小事都要替孩子打理好，使孩子一旦离开了父母孩子就不知所措，所以在生活或学习中稍不如意就会急躁不安。

3. 孩子缺乏认识和对待困难与挫折的能力。孩子的兴趣爱好总会变得很快，喜欢一件事的时候就会有很大的热情，可是由于知识的欠缺等原因，在做事情的过程中往往会遇到挫折，一次失败就会让他的兴趣随之减弱。时间长了，一次次的失败就会让孩子有很强的挫败感，而孩子又缺乏对付困难和挫折的能力，加之得不到父母的及时帮助与正确引导，就会导致孩子烦躁不安。天长日久，也就使孩子形成了急躁的个性。

知道了孩子急躁的原因。父母要根据孩子的年龄、能力及个性特点采取正确的应对措施。

1. 为孩子营造良好的学习氛围。为孩子创造一个安静的环境，让孩子有好的生活和学习环境，可以减少孩子急躁不安的情绪。父母要注意提高自己的文化修养，以身作则，为孩子克服急躁个性做出榜样。

2. 培养孩子的独立性。不要觉得孩子什么事都做不好，也不要溺爱孩子，要多鼓励孩子不怕失败，帮助孩子形成独立处事的能力。有了独立处事的能了，孩子才不会被“不如意，不称心”打垮，还能提高孩子的分析问题、解决问题的能力。

3. 训练孩子的专注力。父母可以跟孩子一起做一些亲子小游戏，来培养孩子的专注力。专注力是忍耐力的基础，专注力强的孩子，就会有很强的耐性。父母可以与孩子一起玩“找错误”、“找不同”、拼图游戏……让孩子集中注意力，长时间专注地做某一件事。

4. 磨炼孩子的韧性。除了学习之外，父母可有意识地让孩子学习书法、画画或陪孩子下棋等。在一笔一画的练习中，在细致观察描摹中，在一步步地思考揣摩中，磨炼孩子的韧性。

5. 培养孩子克服急躁的自觉性。如果父母发现孩子产生了急躁情绪，就应该马上提醒或劝慰孩子，用一些因急躁而产生不良后果的事例来启发孩子增强克服急躁情绪的自觉性，从而纠正孩子急躁的个性。

纠正孩子急躁的个性需要父母有耐心、一点一滴的努力，这不是一朝一夕就可取得成效的事。

018 优柔寡断的孩子难以赢得竞争

优柔寡断的主要表现是思想、情感不集中，难以使思想、情感有明确的指向；处理事情总会没有主见、摇摆不定，很难做出取舍；对自己的决定又总是持怀疑态度，担心自己的决定会出现差错，会带来不利的影响。

优柔寡断常常给我们的学习和生活带来消极影响，会使我们在不知不觉中丧失很多好的机会。

要想矫正孩子优柔寡断、犹豫不决的性格，就需要父母付出足够的耐心，经过不断的努力，一点一滴的去改变孩子。父母可以从以下几个方面着手：

1. 孩子也是一个独立的人，父母要真正理解孩子。父母要认真思考一下，自己对孩子的生活和学习究竟了解多少，有没有充分考虑过孩子的实际情况和需要，对孩子的意见有没有真正尊重过，有没有给孩子充分表达自己想法的机会。

2. 帮孩子摆脱依赖心理。帮孩子摆脱依赖心理，遇事能够征询他人意见，借助他人的智慧做出正确决策。缺乏主见的孩子遇到一点事就会不知道怎么办，完全等着别人拿主意，这就是孩子的依赖心理在作怪。要让孩子彻底摆脱这个依赖性，才能培养他的自主意识，才能使孩子真正成长起来。在孩子遇到难题向父母寻求帮助时，父母要引导和鼓励孩子说出自己的意见。即使孩子的意见没有多少价值，也要先予以鼓励的语言，然后再帮其逐步完善，让孩子觉得这个主意是自己想出来的。这样就可以培养孩子的自信、自强、自立的勇气和信心。久而久之，果敢的性格就会逐渐形成。

3. 鼓励孩子当断则断，勿求“万全之策”。有些人之所以犹豫不决，就是怕自己考虑的不周全。但是，要知道任何事情都不可能做到十全十美，很多人就在追求完美中犹犹豫豫，甚至错失良机。让孩子懂得，凡事能有七、八分的把握，就应该下决心了，这对于孩子形成果断性格会大有裨益。

不优柔，不盲从，有主见，善于选择，是一个人应该具有的良好性格素质。父母要做有心人，就要花大力气培养孩子具备这种素质。

第四章 心态决定最终胜负——培养孩子良好的竞争心态

竞争与合作是社会生存和发展的动力。竞争与合作，无时不在，无处不有。竞争可以使孩子的潜力得到充分发挥，能激发孩子的主动性和积极性，也能提高学习效率。竞争还能使集体生活变得丰富多彩，使孩子的日常生活减少单调感，增强他们学习与生活的乐趣。

019 鼓励孩子参与竞争

竞争是孩子日常生活的重要组成部分。孩子的竞争意识是与生俱来的，只有敢于竞争的人才能在人生的道路上取得成功。因此，要注意培养孩子的竞争意识，适时地鼓励孩子勇敢地去参与竞争。

上学之后，孩子就会经常参加一些有组织、有竞争性、有胜利者和失败者的活动。多参加一些竞争性的活动可以激励孩子自觉地去努力，来展示自己的优秀。竞争可以让孩子不断地提高自己、超越自己。

培养孩子的竞争意识，鼓励孩子参与竞争，对于孩子的健康发展有很大的意义：

1. 可以激发孩子强烈的求知欲望。竞争可以使孩子认识到学习知识的重要性，从而促进孩子的学习的欲望，让孩子努力学习各学科的基础知识和基本技能。

2. 可以增强孩子的自信心。孩子在竞争中表现出来的精神和才能，会使孩子对自己做出肯定的评价，提高孩子的自信心。

3. 可以提高孩子的抗挫折能力。竞争中有胜有败，在竞争中遭遇挫折是正常的现象。孩子从小品尝竞争失败的滋味，可以提高对未来可能遇到的挫折的承受能力。

4. 可使孩子产生成功感。孩子在竞争中所取得的成功感，会激发孩子进一步奋发向上。

5. 可增强孩子的参与精神。多参加竞争可以让孩子减少胆怯心理、保守心理和自卑心理。

6. 可增强孩子的集体主义精神。竞争可以使孩子看到集体的智慧与力量，认识到团结的重要性。

既然参加竞争有这么重要的作用，父母就应该鼓励孩子积极参加竞争，让孩子在日常生活和学习中不断地锻炼，逐步养成良好的习惯，形成较好的竞争能力。

当然，竞争也是有限度的，任何事都会“过犹不及”。如果事事竞争、时时竞争，就会压抑孩子的天性，导致其形成偏执的个性。对于很多孩子来说，在班级中、运动场上，参与活动显得更为重要。只有良性的、有益的竞争，才能促进孩子不断前进。良好的竞争可以推动孩子在学业上有更好的表现，取得更大的成绩，促使孩子对自己提出更高的要求，丰富孩子的日常活动。不适当的竞争可能会适得其反。

要让孩子积极参与竞争，又要把握好竞争的分寸，这是一件不太容易把握的事。要想使孩子用正确的方法参与竞争，父母要做好以下几个方面的工作：

1. 培养孩子树立正确的竞争意识。竞争意识与自我意识紧密相连，自我意识通过与他人的比较显现出来。孩子的自我意识在幼儿时期就已经开始发展。只有了解了自己的言行，明白了自己对别人的影响，才能更好地认识自我。

2. 孩子要具有好个性。心理学研究表明，个性与竞争能力紧密联。只有拥有了良好的个性，才能更积极地对待竞争问题。父母要从孩子本身的性格特点和兴趣特长出发，进一步完善孩子的人格，使其具备更强的竞争能力。

除了个性原因外，有些孩子特别注重自我意识、忽略别人的感受，这样孩子就很难与别人相处。父母要让孩子知道：如果他为了争第一而令别人不开心，就可能失去别人的友谊。要让孩子明白：竞争不是为了和别人争高低，而是为了向自己的能力进行极限挑战。

3. 让孩子树立正确的竞争心态。有的孩子竞争欲望过强，父母应该帮孩子端正心态，让孩子明白竞争是为了展示自己的实力，是一件美好的事，超越和被超越都是正常现象。要用平常心对待，不应充满妒忌和愤懑。失败了就要有风度地接受，从失败中看到自己的不足，以后加倍努力。父母应告诉孩子，在竞争中取得胜利固然值得骄傲，但和同伴之间的团结协作的精神，也是现代生活中不可或缺的品质。

4. 鼓励孩子相信自己。要鼓励孩子勇于表达自己的内心感受，要有自己的评判是非的标准，相信自己有能力去实现所追求的目标。竞争是体现自己价值的一种方法，而不是全部。要让孩子明白，做一个不懈努力的赢家或是毫不气馁的输家，才是最好的竞争精神。

020 教孩子认识合作与竞争

竞争与合作是人类生存和发展的动力。竞争与合作，无时不在，无处不有。竞争可以使孩子的潜力得到充分发挥，能激发孩子的主动性和积极性，也能提高学习效率。竞争还能使集体生活变得丰富多彩，使孩子的日常生活减少单调感，增强他们学习与生活的乐趣。

未来社会竞争将更加激烈，合作意识就更加重要。因此，父母要好好培养孩子的竞争合作意识，从小做起，一点一滴地积累，才能为孩子将来在社会上立足做好准备。

要想让孩子正确理解竞争与合作的意思，父母要注意以下几个方面：

1. 让孩子正视竞争现象，明确竞争的意义，不要把竞争和攀比混为一谈。

2. 培养孩子的竞争意识，让孩子积极参与到竞争中去，在竞争中学会合作精神，要在合作中竞争，在竞争中合作。培养孩子的荣誉感，使其确立与集体一致的目标。

3. 竞争方式要正确，要在公平、平等的基础上竞争。竞争的手段与方法应该光明正大，不能用损人利己的手段搞不正当竞争。

4. 要明白竞争的精神，胜不骄，败不馁，不欺软怕硬。让孩子知道，只有学会合作，才能融于集体之中，才能真正有立足之地。

5. 在家庭中营造合作情境，使孩子在与成人的交往中学会合作。

021 拔掉“嫉妒”这根刺

嫉妒它是对别人在品德、能力等方面胜过自己而产生的一种不满和怨恨，是一种被扭曲了的情感；它对不利于人之间的团结、友爱。长大后如果还有较强的嫉妒心，就会很难协调好与别人的关系，很难在生活中心情舒畅。别人的成功或者自己的失败都会让嫉妒心很强的人觉得痛苦和烦恼。

玲玲是一个6岁的孩子，她非常可爱乖巧。有一天，妈妈的同事带着儿子来玲玲家做客，妈妈很热情地接待了她们，并不停地逗同事的儿子玩。刚开始，玲玲也跟小弟弟非常愉快地玩，但没过多久，她注意到妈妈一直抱着小弟弟就开始不高兴了，她觉得受到了冷落。于是，玲玲开始大声唱歌、不停地跳舞，但是别人的注意力还是都在小弟弟身上，并不理她。终于，玲玲忍不住了，忽然，她摔坏了自己的杯子，然后就坐在地板上放声大哭，同事和妈妈都觉得非常尴尬。

玲玲之所以这样做，都是嫉妒心在作怪。

孩子产生嫉妒心理的原因是多样的，最主要的就是孩子内部的消极因素和外部环境的消极因素相互影响、相互作用而产生的。比如在竞争中受挫，孩子就会对别人的成功产生嫉妒；因老师表扬他人而没有表扬自己而产生嫉妒；因自己家境贫寒而对家庭经济地位高的同学产生嫉妒等。只有了解了孩子嫉妒心理产生的原因，才能有针对性地进行教育。孩子产生嫉妒心的原因主要包括以下几个方面：

1．环境影响。在家庭环境中，如果爸爸妈妈整天不信任对方，互相猜忌、互相看不起，就会在孩子心中留下阴影，使孩子形成嫉妒心理。

2．教育方式不正确。有的父母常常拿自己孩子的缺点和别人孩子的有点比较，常常批评孩子的缺点或错误，使孩子以为父母喜欢别人而不爱自己，由不服气而产生嫉妒。

3．孩子对自己某一项缺点太在意。有的孩子总体能力都很强，但在某些方面不如别的小朋友，就会因为自己经常得到肯定而形成一种“惯性”，偶尔一次不被“重视”就会产生嫉妒心理。

知道了产生嫉妒心理的原因，爸爸妈妈就应该想办法让孩子摆脱嫉妒。主要应该注意以下几个方面：

1．注意言传身教。家庭是孩子成长的重要环节，父母要起到带头作用，以自己美好的言行来教育孩子。当孩子出现嫉妒心理时，父母要用正确的方法来教育，不要对孩子严加批评指责，更不能冷嘲热讽，应面带微笑，静静地倾听孩子的诉说，之后再和孩子一起分析问题，让孩子懂得理解和体谅，使孩子心灵愉悦，将嫉妒转化为激励孩子前进的动力。

2．培养孩子的宽容心。有些孩子从小跟爷爷奶奶或者外公外婆一起长大，爷爷奶奶对孩子会十分溺爱，百依百顺，有求必应，这样孩子就会以自我为中心，而只有克服这种心理，孩子才能与别的小朋友正常交往，才能理解他人、信任他人。有了宽容心，才能让孩子有更好的人际关系。

3．尽量不要拿孩子与别人对比。很多父母在跟孩子谈话时，常常会有心无心地说“某某越来越可爱了”，也许父母是无心的，但是孩子会认为这是“比较”。尤其是孩子某一方面表现不够好时，父母这样说就会更容易让孩子产生嫉妒的心理。所以父母要多鼓励自己的孩子，发现孩子的优点，不要总拿别人的优点来刺激孩子。

4．让孩子看到自己的长处。有些孩子自信心不够，喜欢强调自己的弱点，那种低人一等的心理就会让孩子产生嫉妒心理。因此，父母必须帮助孩子建立自信，让孩子看到自己的优点，觉得自己有骄傲的资本。每当孩子自己解决了一个问题或者取得了一点进步，父母就要及时地给予赞赏，让孩子注意到自己的优点。

5．对负面的东西不要过分强调。大人的做法往往成为孩子塑造自己的标准，因此，如果父母发现孩子嫉妒别人时，就要进行出正确的教育。不要站在孩子的立场对其表示同情等，更不能指责受到嫉妒的对象，不然会进一步刺激孩子的嫉妒情绪，还会让孩子养成把责任都推给别人的坏习惯。

孩子因为年龄小，不能全面地看待问题，父母要让孩子明白正确评价自己和别人，还要让孩子懂得“金无足赤，人无完人”的道理，既要看到自己的长处，也要看到自己的不足，帮助孩子形成正确的自我认识。

022　自卑的孩子不具备竞争能力

自卑是自我评价过低、自己看不起自己的一种不良情绪状态，是自我意识的一种消极表现。自卑的人，往往不切实际地低估自己，只看到自己的缺陷，而看不到自己的长处，老觉得自己不如别人。自卑是一种性格缺陷，自卑往往产生于儿童时代。

因此，父母要多注意观察孩子，一旦发现孩子比较自卑，就要尽早想办法帮孩子克服和纠正，以避免其形成自卑的性格。

父母如何纠正孩子的自卑心理呢？以下几种方法可供父母们参考：

1．父母不要对孩子要求太高。父母要帮助孩子建立自信，克服自卑，不要对孩子提出不合适的要求，不能苛求孩子。父母对孩子的要求应该与孩子的实际能力和水平相适应。在孩子取得成绩的时候，父母应及时表扬、鼓励，增强孩子的自信心。如果孩子学习成绩较差、考试不及格，父母就应该给他更多的关心和鼓励，帮孩子分析成绩不理想的原因，对孩子进行耐心的指导，让孩子逐步取得进步，逐渐树立自信心。

2．鼓励孩子进行积极的自我暗示。有位心理学家认为人们具有一种自动实现预言的倾向。爱默生也认为，在我们的心灵的眼睛面前长期而稳定地放着一幅自我肖像，我们会与它越来越接近。

3. 教孩子扬长避短，学会心理补偿。“尺有所短，寸有所长”，每个人都有自己的优势和缺点，学会扬长避短才能取得更大的成功。

4. 引导孩子建立积极的人际关系。孤僻、不合群的人总喜欢把自己孤立起来，所以才会变得自卑。积极的人际关系有利于缓解压力，会使人性格变得开朗起来，也能促进更客观的评价自己和他人。父母要鼓励自卑的孩子多与别人交往，并教给他们一些社交技能。

5. 尊重孩子的自尊心。帮孩子树立自尊心是很重要的。自尊心很强的孩子在做错事的时候就会产生内疚心理，这时父母千万不能对他进行冷嘲热讽，更不能对孩子进行打骂，否则会挫伤孩子的自尊心，孩子会“破罐子破摔”。父母应关心、体谅孩子，让孩子知道犯错不是什么大事，只要有错就改，下次不犯就行了。这样，孩子会排解消极情绪，越来越自信。

023　心理承受能力强的人才能更好地竞争

心理承受力弱的孩子，遇见难题就会表现出退缩、焦虑和自卑的情绪；心理承受力强的孩子，就会表现得情绪稳定，意志顽强，积极进取，他敢于冒险，乐于尝试新鲜陌生的领域，面对挫折和变化也能保持乐观，百折不挠。

随着独生子女时代的到来，那些从小就被捧在手心里的“王子公主”们遇到一点挫折就会想不开的事情越来越多，重要原因之一就是这些孩子心理承受能力极低。所以父母要帮助孩子增强抗挫折能力。一些父母觉得不断地批评和训斥有利于增加心理承受能力，其实这种想法是不对的。

要想提高孩子的心理承受能力，父母需要从以下几个方面入手：

1. 让跌倒的孩子自己爬起来。要想让孩子在激烈的竞争中生存下去，就要训练孩子经受委屈的心理素质，因此从小开始委屈教育是非常有必要的。“委屈训练”的最简单的办法就是在孩子受到委屈时，父母不能大惊小怪。在进行委屈训练的时候，父母应该做的就是对孩子进行是非教育，让孩子在勇于承受委屈的同时，还要学会勇敢地站起来，让孩子知道能承受委屈是坚强勇敢的表现，这是增强孩子心理承受能力的基本途径。

2. 学会放弃，调整自己的情绪。“塞翁失马，焉知非福”，放弃是为了更好地拥有，有所失才能有所得。每个人都有自己的成长轨迹，放弃一些浮夸的追求是培养孩子的明智之举。学会放弃，就是教育孩子在“利”与“益”两者之间进行正确取舍，应该放弃的就要果断地放弃，在不应该放弃的时候，就要勇往直前地挺住。父母可以这样对孩子说：“即使失败了，也未见得是件坏事。”

3. 促进人际交往，培养坚强意志。人际交往可以培养孩子乐于助人的性格，也可以教会孩子包容。所以父母要鼓励孩子进行人际交往，从小事培养孩子的坚强意志。

4. 可以开展一些“心理操练”，比如，让孩子参加体育活动，有意识地培养孩子的意志品质；还可以让孩子参加自己喜欢的兴趣活动，增加孩子的自信心；开展“生活自理能力比赛”等，使孩子树立正确的竞争意识；有时，在孩子取得成绩的时候可出点难题，让孩子经受失败的磨砺，教育孩子始终以平和自然的心态参与生活和竞争，能够经得起未来人生道路上的风风雨雨。

024 竞争需要持之以恒的心

恒心是人一生中最难得和最重要的精神品质之一。人们成绩的取得跟恒心是不能分离的，再聪明的人如果没有恒心，就可能一事无成；恒心不是与生俱来，是要经过锤炼才能具有的品质。

要想让孩子成才，父母就要首先要教育孩子树立远大的理想和目标，接着就要培养孩子具备坚韧的毅力。席勒曾经说过："只有恒心才能使你达到目的。"只有确定目标之后通过持之以恒的坚持，始终如一地为实现目标而奋斗，才能达到目标。古今中外，也有不少这样的例子：

唐朝大诗人李白从小也是一个不喜欢读书的孩子。有一天，他趁老师不注意，就悄悄溜出门去玩儿。在小河边，他见到一位老婆婆，老婆婆拿一根铁杵在石头上磨。李白很纳闷地问："老婆婆，您磨铁杵做什么？"老婆婆说："我在磨针。"李白就很吃惊："铁杵这么粗大，怎么能磨成针呢？"老婆婆轻轻笑了笑说："只要天天磨，铁杵总能越磨越细，还怕磨不成针吗?”李白听后就觉得很惭愧，转身跑回了书屋。从此，他把“只要功夫深，铁杵磨成针”的道理谨记在心，发奋读书，终于取得很大的文学成就。

孩子的恒心随着年龄的增长也会逐步发展，但还需要父母进行正确的引导和教育。作为孩子的第一位老师，父母要从以下几个方面入手：

1．做父母的要以身作则，要有恒心。孩子受父母的影响最大，父母做事的态度很大程度上影响着孩子。如果父母做什么事都是三天打鱼两天晒网，那么要想培养出一个有恒心的孩子是很困难的。

2．不要给孩子布置太难的任务。任务太多太难，孩子就会望而生畏，会产生对抗情绪或者在做之前就轻易地放弃了。对于一些难度较大的任务，可以分解成一个个小目标。父母可以先对孩子进行指点，然后再给他一些积极的鼓励，让孩子乐于接受，这样才能产生坚持下去的恒心。

3．要用坚定的语气给孩子提要求。对孩子提要求的时候，要让孩子知道这是一件重要的事情，不可以随随便便地对待。

其实，在生活中，培养孩子恒心的机会很多，父母要学会充分利用各种机会。比如对于喜欢花草的孩子，父母就可以买一些花盆和花籽，教孩子种花草，通过对花草培育的过程来让孩子观察植物的生长过程，例如何时发芽、长叶、开花，体会一个生命的成长。这样就可以让孩子明白：无论你怎样着急，你今天撒下种子，它不会明天就长大。要想有收获，你必须耐心地等待，给它浇水，有时还要松土，并保证有充足的阳光照射。做每件事都要求孩子有始有终，孩子的恒心就会慢慢培养出来。

第五章 让孩子爱上学习——用成绩增加孩子的竞争砝码

父母要给孩子宽松的学习环境，不要给孩子太大的压力，更不要把自己的意愿转嫁到孩子的身上，要培养孩子的业余爱好和综合素质，争取把他们培养成对社会有用的人才，而不是一个只会死读书的“书呆子”。

025 为孩子营造良好的学习环境

要想让孩子努力认真地学习，就要给孩子创造合适的学习环境。一般孩子需要的学习环境必须满足以下条件：

1. 光线充足，空气流通。这个条件看似很简单，但是却是非常重要的，很多家庭都能达到，但是很多父母对此都不重视，所以很多孩子不能拥有这个良好的学习条件。

2. 安静的环境。有的父母让孩子在房间里做作业，自己却在客厅里看电视，声音调得很高，边看边大声地说笑，这样的环境孩子怎么能安心地做作业呢？外边嘈杂的环境和电视的吸引声，会让孩子形成学习不专心的毛病。要想给孩子创造良好的学习环境，父母就要做出牺牲，最好等孩子做完作业后再看电视，看的时候最好把音量调至不影响孩子的程度。

3. 孩子必备的学习用品不能少。只有文具用品充足，才能让孩子完全地投入到学习中，不要因为文具用品不足而破坏这种状态。

4. 个人学习用品要有固定的地方放置。很多家庭都能满足这种条件，孩子可以很整齐地放自己学习的物品，然后自己收拾。

026 兴趣是最好的老师

有了学习兴趣才会有学习动力，才能对相关内容记忆深刻。学习兴趣和孩子的认识和情感都有密切的联系。兴趣是爱好的前提，爱好是兴趣的发展和行动，爱好会让学生对提高学习效率。

很多父母抱怨孩子对学习没有兴趣，整天只想着玩。要想让孩子像玩游戏一样对待学习，爸爸妈妈应该从以下几个方面着手：

1. 要从小对孩子的求知欲进行引导和启发。3~5岁的孩子就特别爱问“为什么?”“这是怎么回事?”他们总会问一些千奇百怪的问题：计算器为什么会计算？如电灯为什么会发亮?小鸡为什么有两条腿，而小狗却有四条腿等。孩子总是看到什么都会问为什么，有时候父母对他们的问题都不知道该如何回答，被问烦了就会不耐烦地斥责孩子，这种做法是不正确的。遇到说不上来的问题，可以和孩子一起查资料、找答案，千万不能制止孩子的提问，以免挫伤孩子的求知欲。

孩子千奇百怪的问题其实是求知的萌芽，父母要有耐心地用孩子的语言给孩子解释，引导孩子多接触大自然，增加孩子对一些自然现象的感性认识。

如果孩子不喜欢问问题，父母就要主动给孩子讲，不要总觉得讲了孩子也听不懂，只要讲孩子就会有收获的。

2．要充满热情地鼓励孩子的学习兴趣。有一位父母想让自己两岁的孩子学画画，想让孩子多一种兴趣，可当他看到孩子把小鸟画成了一个大黑疙瘩时，就忍不住说孩子："太笨了！画的是什么呀?"还对孩子进行讽刺。其实父母的这样做会打击孩子的学习积极性。父母在孩子心中有很高的权威性，孩子做任何事都希望得到父母的认同和肯定，父母不经意的一句话就会让孩子好不容易培养起来的求知欲毁于一旦。

3．如果孩子觉得学习太困难，失去了学习兴趣，父母就要耐心地帮助孩子找原因，帮助孩子掌握科学的学习方法，让孩子树立学习的信心。

有些父母在孩子做作业时候在旁边看着，当看到孩子遇到困难不会做时，就会主动讲解。如果父母讲了几遍孩子还是不懂，很多父母往往会失去耐心，急躁地说孩子不用心，没有希望了，有的甚至会对孩子进行打骂，这样孩子越发对学习不感兴趣了。父母要耐心地帮助学习有困难的孩子，找出孩子的问题所在，用科学的方法来矫治。

027　不要让孩子成为“书呆子”

现在还有很多父母认为孩子整天除了看书学习之外就不应有别的什么爱好了，就算是节假日也应整天把自己关在屋子里闭门苦读。孩子往往学得很辛苦，但是整天这样的学习，成绩却平平，有的甚至被同学嘲笑为“书呆子”。久而久之，这孩子就变得沉默寡言，不愿跟人打交道，真的变成“书呆子”了。

有些家长人不许孩子看课外书，不许孩子参加与学习无关的课外活动，觉得那些都是浪费时间，为了学习就要放弃所有的爱好。有个孩子从小就喜欢弹钢琴，经过多年的练习，水平也已经很高，可是因为上了重点高中，学习任务加重，父母为了让他有更多的时间学习，就让他扔掉了钢琴的爱好。有些父母只让孩子把书本背熟，对社会新闻、国内大事知之甚少，真正成了“两耳不闻窗外事，一心只读圣贤书”。

很多父母为了让孩子取得更好的成绩，会给孩子报很多补习班，很多孩子都希望在课余时间放松一下自己，做一些自己想做的事，对补习班根本不没有丝毫兴趣。在父母的逼迫之下去学习，怎么能学好呢？成绩又怎么能提高呢？

还有一些父母为了弥补自己心理上的缺憾，他们把自己的意愿转嫁到了孩子的身上，希望他们能够考上理想的大学，来弥补自己当初所留下的遗憾，因此，他们眼中孩子的任务就是学习！除此之外，孩子什么也不用做，而且也不能做！做别的事就是不用功。其实，除了学习之外，锻炼身体也是必不可少的，只有有了较好的身体素质，孩子才能更好地学习。

学习是为了能够生存，要生存就要赚钱，只有拥有一个好身体，有灵活的头脑才能更好地生活，“书呆子”是无法在激烈的社会竞争中立足的。

另外，要想让孩子不成为“书呆子”，还要让孩子拥有良好的人际关系。只有拥有好的道德和审美观，才能拥有良好的人际关系，才能在人生路上走得更踏实。

父母要给孩子宽松的学习环境，不要给孩子太大的压力，更不要把自己的意愿转嫁到孩子的身上，要培养孩子的业余爱好和综合素质，争取把他们培养成对社会有用的人才，而不是一个只会死读书的“书呆子”。

028 让“马大哈”变得细心点

有些家长经常抱怨：“我的孩子挺聪明的，但是每次考试都不能考一百分，不是因为不懂，而是因为马虎！”

其实生活中孩子粗心大意的原因很多，一方面因为孩子年龄小，发育不完全，感知不精细，对事物的具体细节考虑不到，所以就会出现粗心大意的表现。另一种情况可能是孩子想出去玩或者想看电视，就把作业认为为是一种差事，急急忙忙地做完了事，一急就会出错，就会表现出粗心。性格不同的孩子马虎程度也不同。急性子的孩子容易马虎，学习不认真的孩子也容易马虎，对知识不熟悉也是孩子马虎的一个原因……解决马虎问题必须对症下药，要想纠正孩子马虎的毛病，最好注意以下几个方面：

1. 让孩子准备一个“错题集”，专门总结错题，找出错误的原因，把正确的答案写出。这样有利于认识错误的危害，以后会决心改正。错题集是孩子自我教育的好办法。

2. 草稿不要太潦草。有些孩子总觉得草稿只要自己看懂就行，所以就会很马虎。所以父母要教育孩子草稿不要太草，草稿也要严肃认真，这有利于克服马虎的毛病。

3. 让孩子不要养成“橡皮依赖症”。“橡皮”是造成马虎的一个根源，有些孩子觉得错了以后可以擦，于是错了擦，擦了错，于是就不把错误放在心上了。父母如果限制孩子使用橡皮，错了不许擦，孩子就会认真一点。让孩子明白“三思而后行”的道理，什么事都要想好了再做，争取一次做对。

4．学会自检。有些父母希望孩子的作业每次都完全正确，所以对孩子的作业每天检查。时间长了，就会让孩子养成心理依赖，自己的错误就等着父母来指出，做题时就马马虎虎。要想帮助孩子改正马虎的毛病，父母应当不给孩子检查作业，让孩子养成自检的习惯。如果孩子检查不出错，就让他不及格。这样他才能认识到马虎的危害。有了自检的能力，才能克服马虎的毛病。

5．让孩子做考官。让孩子给父母出题，孩子就会很感兴趣，他们往往会把自己容易出错的题拿出来，希望把父母考住。父母可以故意马虎，让孩子批评，这样就会让孩子受到教育，将来他们做题时也会防止马虎。

6．多给予表扬。每个人都喜欢受到表扬，当孩子作业很认真，几乎没有什么错误时，父母应该及时表扬，可以说“这么复杂的题目你能做出来，你确实认真分析了题意！”“你的作业做得很认真，我看出你仔细进行了复查。”父母还可以把孩子做得很好的作业拿出来给别人看，那样孩子就会很有成就感和满足感。但是对孩子的马虎也决不能姑息迁就。

7．对孩子的粗心父母不要总是唠叨，时间久了，孩子就会真的认为自己粗心。相反，父母把目光放在孩子细心上，在孩子心理就有一种自己“细心”的心理暗示。把孩子的优点放大，纠正粗心，养成细心的习惯，良好的家庭氛围也是非常重要的。

029　想象力是孩子的翅膀

爱因斯坦说过：“想象力远比知识更重要，因为知识是有限的，而想象力概括着世界上的一切并推动着进步。想象才是知识进化的源泉。”

中国传统的教育观念对孩子想象力的束缚很常大，让孩子只知道书本知识，对孩子的发展很不利。想象力差，创造力也就不会很强。

有这样一个例子：一个美国小女孩在三岁之前，看到字母O她能想象成太阳、足球、鸟蛋之类的圆形东西，但是，到了幼儿园学了26个字母以后孩子的这种想象力就没有了。于是她的妈妈就以剥夺孩子想象力的罪名把幼儿园告上了法庭，要求幼儿园向女孩赔偿精神伤残费1000万美元。最后的结果出人意料，这位母亲竟然胜诉了。

由此可见，孩子想象力的培养是非常重要的。也许在成人眼中，孩子的想象有些可笑和不切实际，但是正是这种不切实际的想象力让瓦特看到蒸汽能把壶盖顶起来，让他通过这样的思考发明了蒸汽机来；莱特兄弟正是有了“人能否长上翅膀，像鸟一样在天空中飞翔”的幻想，才有了人类在天空飞翔的现实……

要想提高孩子的想象力，家长可以从以下几个方面努力：

1. 旧玩具要有新玩法。不要让孩子整天想着买新玩具，只对新玩具感兴趣，其实父母可以让孩子用旧玩具玩出新的玩法，那样就会让孩子感兴趣，也可以锻炼孩子的想象力。

2. 指导孩子扩大语言文字的积累。想象力的培养离不开形象的积累，离不开语言材料，要注重培养孩子的口头表达能力和书面语言能力，语言材料的积累有着非常重要的作用。因此，要让孩子扩大语言文字的积累。比如，可以让孩子备一个摘抄本，摘抄名句、名段，平时多拿出来翻阅一下，这对孩子想象力的培养有很大的作用。

3. 鼓励孩子编故事、讲故事。有些孩子喜欢在小朋友面前或者爸妈面前不停地编故事、讲故事，这时爸爸妈妈就要鼓励孩子讲下去，不要对孩子冷言冷语，不能随便阻止。父母可以引导孩子按照某个主题去编故事，并适时地给以赞扬，指出不足之处。

4. 指导孩子储存丰富的表象。表象是外界事物在人的头脑中留下的影像，是具体、形象的。父母可以带孩子去博物馆参观、到郊区游览、也可以带孩子多参加一些公益活动，这样可以让孩子积累更多的表象，可以让孩子养成写日记或鼓励孩子多用语言描述，这样积累多了，就可以使孩子的想象力得到发挥。

5. 支持孩子参加课外兴趣小组活动。鼓励孩子多参加兴趣小组，给孩子多组织一些创造性的活动，这对提高孩子的想象力十分有益。当孩子的活动成果得到展示或者获得表彰奖励时，他们的积极性会更高，想象力会突飞猛进地发展。

030 开发孩子右脑的锦囊妙计

大脑有左右脑之分，左右脑有着不同的分工。左脑又称为“思维脑”、“学术脑”，控制着人的语言、逻辑、数学、顺序、符号、分析等的运用，善于把复杂的事情条理化；右脑又称为“艺术脑”、“创造脑”，它引导着韵律、节奏、图画、想象、情感、创造等因素，它是想象力、创造力的原动力。

人的左脑支配人的右半身活动，右脑支配左半身的活动。科学研究表明，右脑功能的开发和利用，对整个大脑的协调能力，促进思维发展和灵活性有积极的作用。开发右脑对挖掘整个大脑的潜力有着非常重要的作用。

开发孩子右脑有以下几种方法可以借鉴：

1. 刺激指尖法。苏联著名教育家苏霍姆林斯基说：“儿童的智力发展表现在手指尖上。”人的双手是大脑的“老师”，神经中枢指挥者人体的每一块肌肉，其中手指运动中枢在大脑皮层中所占的区域最为广泛。要想开发孩子的大脑，就要让孩子多动手，比如可以让孩子练习弹琴，这样可以很好地进行指间运动。随着双手的准确运动，就会把大脑皮层中相应的活力激发出来，尤其是左右手并弹的钢琴、电子琴对大脑发育更有好处。

2. 让孩子通过学外语来开发右脑。美国神经外科近年发现：孩子同时学两三种语言跟学会一种语言一样容易，孩子学习一种语言的时候只需要用到大脑左半球，如果同时学习几种语言，就会“启用”大脑右半球。

3. 借助音乐的力量。心理学家发现：音乐可以开发右脑。父母可以让孩子学习音乐，也可以让孩子在做别的事情的和时候听着音乐，音乐由右脑感知，左脑并不因此受到影响，仍可独立工作，使孩子在不知不觉中得到了右脑的锻炼。

4. 体育活动法。如每天跳半小时健身操、打乒乓球、羽毛球等；在打拳或做操时有意识地让左手、右手多重复几个动作，以刺激右脑。多用右脑就可以使人的思想或多或少地摆脱了现成的逻辑思维方法，产生更多的灵感。

031 让孩子拥有较强的记忆力

不同的人有不同的记忆方法，有的擅长看（视觉型），有的人擅长听（听觉型），有的人擅长用嘴和手（运动型）等。科学研究表明，人的大脑功能中被开发和利用的只是很小的一部分，人的脑细胞远远没有被充分地使用。有些人记忆力很好，有些人记忆力很差，这些差别很大程度上是因为记忆的方法不同。人们通常使用的记忆方法，大部分都是在使用大脑左半球的功能，右半球的功能只是偶尔被利用一下。从理论上讲，人的记忆潜能是无限的。经过训练，人的记忆力都能提高，脑子中的记忆方法越来越多，记忆力就越来越好。因此，要想使孩子拥有较强的记忆力，就要加强对记忆方法的训练：

1. 有的放矢——让孩子明确近期记忆目标。人不管做什么事，都要有目标。有了目标的人才能不断取得进步，父母要让孩子意识到，学习要有一定的目标，这是成功地改进记忆效能的一个前提和基础。

确立目标的关键是要学会安排记忆进程，把长远目标划分成若干不同的近期目标，逐个去实现，然后一个个地跨越。完成一个近期目标自信心就会增加一点，记忆效能也能改善一些，记忆速度就可以提高一些。当所有目标都完成以后，长远目标也就完成了。这样就无疑会更强有力地刺激记忆效能，从而更有效地提高记忆能力。

例如，要想让孩子学好英语，就不要笼统地确立一个目标，让孩子以后出国深造，这样的目标只会让孩子觉得前途渺茫；父母倒不如确定一些近期目标，一步步完成比较容易。如每天学习10个名词，进而掌握动词、形容词、副词等，这样孩子就会觉得比较容易完成，信心会比较大，也会对学习语言产生兴趣。每一次克服了困难，每一次获得了成功，就会使自信心随之增长，有了自信心才能更还地去拼搏，才能取得更大的成功。各种各样的学习和记忆活动，都可以运用这种方法，化整为零，使长远目标分解成若干不同的近期目标，由易而难，由浅入深，不断地刺激孩子的学习兴趣，增强记忆力。

2. 先理解，然后记忆。理解记忆法就是在积极思考、达到深刻理解的基础上记忆材料。这个记忆方法最基本的条件就是对材料进行思维加工。人们记忆科学概念、范畴、定理、法则和规律、历史事件、文艺作品等类材料时，用死记硬背的方法是不正确的，应该先理解其基本含义，再利用知识经验进行分析综合，把握材料各部分的特点和内在的逻辑联系，使之纳入已有的知识结构，以便保持在记忆中。理解记忆的全面性、牢固性、精确性及迅速有效性，而且比机械记忆效果更好。

德国有位著名心理学家通过实验发现：为了记住12个无意义音节，平均需要重复5次；为了记住36个无意义音节，需重复54 次；而记忆六首诗中的480个音节，平均只需要重复8次！这个实验告诉我们：理解记忆更迅速、更全面更牢固，死记硬背只会吃力不讨好。

3．利用直观形象进行记忆。研究表明，小学生对具体形象的记忆非常擅长。直观、形象的东西，尤其是视觉影像很容易给孩子留下深刻的印象。因此，要想让孩子记忆一些抽象的东西，最好把它与具体、形象的东西结合起来，在形象的基础上，概括出具有普遍性的结论。比如，要想让孩子记住电话号码33329916，孩子记的时候就会把这一组数字分成几组，并与自己所熟知的字挂起钩来，就容易记住了。比如这组数字，3332是他所居住区域的窗体顶端的邮政编码，99又恰恰是他所居住的公寓号，他住在16号房间，几组数字加起来正好是33329916。这样孩子就很容易记住了。

4．精选记忆法。要想让孩子记住一段比较生疏的东西，父母首先要对材料进行选择，从中找出重点，记住重点之后再联系上其他东西，这样就把整个材料记住了，这种记忆方法叫做精选记忆法。古时候有的人记忆力极好，甚至可以把文章倒背如流，过目成诵。但是郑板桥觉得这种方法不可取，他把这种人叫做“没分晓的钝汉”。就是说这些人不分主次、轻重，不管有用、无用，一股脑儿全都背下来，这种学习方法是不可取的。

会学习的人，除了具备较强的记忆力外，往往还要善于抓住重点，抓住精髓，善于组织材料。

5．联想法记忆。到一种事物，就可以想到与它相似的东西，这是人的惯性。把记忆的东西和自己体验过的事物联接起来，会取得很好的效果。在外语单词里，有的发音比较相似，有些意义相似，这些都可以利用相似联想法来帮助记忆。北京某所小学在小学生中做了一种集中识字的方法的实验，这个方法可以使学生在两年内认2500个字，能够阅读一般的书籍和报纸。这种识字法就是运用联想记忆法，把字形、字音相近、能互相引起联想的字编成一组一组的，像把“扬、肠、场、畅、汤”放在一起记，把“情、清、请、晴、睛”放在一起记。根据不同的特点，联想记忆，就可以提高孩子的记忆力，迅速记住这些字，省力省时，记得牢。

第六章 钢铁是怎样炼成的——坚强的孩子经得住风吹雨打

适度地冒险是培养孩子勇敢品质的重要方法。有些父母因为怕孩子出危险，就忽视了对孩子冒险精神的培养，这样会让孩子滋生依赖心理，不利于孩子的健康成长。在有安全保障的前提下，父母应该鼓励孩子玩一些带有冒险成分的游戏，比如荡秋千、滑板、游泳、骑自行车等。

032 挫折教育不可少

在父母眼中，孩子对挫折打击等相关的词语还没有概念，什么事情都会转眼就忘，小孩子不会受到打击和伤害。其实，在孩子成长的过程中，物质的满足并不等于心灵或人际关系上的满足，他们也会受到打击，也会有挫败感。孩子受到的挫折一般包括以下几个方面：

1．家庭冲突挫折。如果家庭不和谐，父母经常吵架，孩子就会有很深的挫折感。孩子希望有一个和睦温暖的家庭环境，想尽力改变不和谐的关系，可是又很快会觉得自己对这些问题无能为力，所以常会产生挫折感。当父母吵架时，双方往往会不自觉地用比较偏激的话指责对方，孩子听到这些话就会觉得很害怕，只好退缩到一旁，丝毫没有办法，于是就产生了挫败感。

2．沟通挫折。越小的孩子语言表达能力越欠缺，所以很多时候无法将自己的意思表达清楚，容易被误会，如，小孩在没有学会“水”这个名词时，想喝水都比较难，可能吵了半天，还喝不到水，就可能会逐渐产生退缩、自责、闷不吭声、脾气暴躁等反应。

3．需求挫折。孩子体力、财力、智力都很有限，所以生活中很多事情都要通过大人才能获得满足。可是对大人来说，却有事情先后的利益考虑。比如，一个孩子如果想要玩具时，他只好去求父母，可是爸爸妈妈却因为不同的考虑，也许会延后满足他这样的需求。

知道了孩子受挫折的原因，就要正确对待，要避免因为这些原因而造成孩子的挫折感。但是，父母也不能事事都满足孩子，要对孩子进行挫折教育。挫折教育就是使孩子不仅能从外界的给予中得到快乐，而且能从内心激发出一种自寻快乐的本能。要培养孩子的受挫能力，家长最好从以下几个方面着手：

1．要树立挫折教育意识。许多父母的想法是，孩子的心理承受能力差，所以要对孩子保护有加。这种观念会影响孩子的成长。其实，孩子受点挫折是没什么坏处的，尤其是早期的时候。家长应正确地看待挫折教育的价值，把它看成是磨炼意志、提高适应能力的好方法。

2．要有意识地给孩子设置一些挫折障碍。成长的道路上每个人都难免要遇到苦难、阻碍，如果孩子走得太顺利，一旦遇到了困难就会束手无策，情绪紧张，这容易导致失败。在日常生活和学习中，父母可以故意设置一些障碍，对孩子的一些没必要的要求说“不”，以此给孩子“加点钙”。

3．当孩子遇到困难和挫折时要鼓励孩子。有的孩子一遇到困难就会产生消极情绪，往往会垂头丧气，采取退避的方式。要改变这种现象，父母就要多给孩子鼓励，让孩子勇敢地面对挫折，向困难发起挑战。例如，如果登山时孩子怕高、怕摔跤，父母就应该鼓励孩子说：“别怕，你行的！要相信自己！”让孩子一次次战胜困难，增加孩子的勇气，激起孩子战胜困难的欲望，孩子的抗挫折能力也就在无形中慢慢培养起来了。

4．让孩子多读一些伟人传记。可以通过伟人的事迹来鼓励孩子不断地战胜困难、战胜挫折。还有，孩子多看一些伟人的事迹，就会觉得自己遇到的困难和挫折实在算不了什么。

不经历风雨，怎能见彩虹？只有勇于面对挫折的孩子，才能取得成功！

033　勇于尝试的孩子才更出色

每个人的一生中都有无数次的“第一次”：第一次走路、第一次上学、第一次独立……而每个第一次都需要自己勇敢地去尝试。

社会的进步也需要人类不断地进行尝试。没有尝试，火箭也不能飞向太空，人们的登月梦想也只能是一场梦；没有尝试，电灯也不能在夜晚放射光芒，让夜晚变得绚丽多彩。人类的所有梦想，都是在不断尝试、不断失败、不断改进中成为现实的。

无论大人还是孩子，内心深处都有一种“显示自己重要性”的本质需求，希望别人给予肯定和赞扬，从而发挥出自己的潜力。孩子的这种需求更强盛，因此鼓励能增强孩子的自信，激励孩子不断尝试，勇敢地面对困难和挫折。

孩子在成长的过程中，总是不断地探索新知识。

芳芳今年6岁了，对什么事情都充满了好奇心。一天，她学习洗自己的袜子，在洗衣间刚打开水龙头，妈妈就过来皱着眉头说：“天哪！你哪里是在洗袜子，根本就是在玩水嘛！”说着就急急忙忙地把水龙头拧紧，“你知道吗？现在水费又涨了，怎么能这么浪费水呢？”

芳芳听妈妈这么说，就委屈地噘起了嘴，本来以为帮妈妈洗袜子会得到表扬，没想到会是这样的结果。

“你看看你，谁让你洗了？洗了半天也洗不干净。多用一点肥皂，全部重新洗。”芳芳就不耐烦地搞得满盆子都是泡沫。

妈妈见后又冲过来狠狠地说：“你在搞什么呀？弄得全是泡泡，这样很难洗干净的。”

“我不洗了啦！”芳芳生气地大哭着，狠狠地把袜子丢回盆里。

其实，芳芳妈的做法是不对的，6岁的孩子第一次开始学做家务，想给妈妈帮忙，也顺便显示一下自己的能力，没想到表扬没得到，却挨了妈妈的责骂，这样孩子做家务的积极性就被挫伤了，孩子对新鲜事物的尝试的热情也慢慢消退了，以后可能再也不愿意做家务，再也不积极主动地去尝试新的事物。长此以往，还可能使孩子形成自卑的人格。

在芳芳尝试洗袜子的时候，如果芳芳的妈妈换一种教育方式，对她的成绩加以肯定，再耐心细致地教她洗袜子，芳芳不仅能学到做家务的本领，也能增加责任感，以后对新事物也很乐意尝试，这对培养其主动、积极、乐观、自信、负责、坚定等优秀的个人品质大有裨益。

父母如果真正爱孩子，就多给他们一些尝试的机会吧！

034 让孩子和胆怯说拜拜

很多人都有胆怯心理，这在孩子身上表现得尤为明显。如果孩子表现出畏惧、退缩，父母也不必过于担心，最好适当放手，让孩子承担一定的责任。

1. 少一些过度关心。有一次，亮亮和小朋友做游戏时不小心摔倒了，当时他并没有要哭的意思，他准备自己爬起来。可是妈妈见亮亮摔倒就慌忙跑过来，一把将孩子抱在怀里喊道："可怜的宝贝啊，摔疼了没有啊?"亮亮见妈妈这样，突然大哭起来，仿佛自己受了很大的委屈一样。这样的例子在生活中比比皆是，如今的孩子都是家中的"宝贝"，很多父母都会对孩子过度关心和呵护，这些过度的关心会给孩子造成不好的影响，让孩子误以为自己没有能力去做好一件事，就算以后遇到自己能够克服的困难，也会因缺乏自信而丧失勇敢面对的勇气。

要想使孩子少一些胆怯，父母就应学会适时"冷漠"，让孩子独立面对困难，教孩子学会自己应付困难，克服对父母的依赖心理，锻炼其独立性和自信心。在孩子摔倒的时候，父母要做的是鼓励孩子自己站起来。孩子站起来之后就要及时给予夸奖和鼓励。当孩子下次再摔倒时，他就会勇敢地自己站起来了。

2. 不要对孩子进行威胁恐吓。玲玲和很多孩子一样，吃饭的时候有挑食的毛病，妈妈哄了半天还是不起作用。于是爸爸就忍不住发火了："再不好好吃饭就把你送给别人!"一句话把玲玲吓得乖乖地端起碗来。以后，爸爸便常用这一招来对付玲玲。时间久了，玲玲变得心神不宁，看见陌生人就害怕，而且胆子越来越小了。

孩子的"恐惧"心理其实不是与生俱来的，而是后天形成的，父母的威胁和恐吓是形成孩子恐惧体验的主要原因。小孩子对父母的依赖性都很强，如果总拿"不要你了"、"把你送给别人"这类的话来吓孩子，孩子容易产生被遗弃的感觉，从而变得非常内向胆小。

这类教育方法都是不对的，威胁和恐吓只能让孩子暂时乖巧，父母要善于发现孩子不听话的原因，然后对症下药。父母要理解孩子、赏识孩子，对孩子不能要求太高，要及时发现孩子的长处和进步。如果孩子吃饭的时候经常把饭菜掉到餐桌上，父母就要先弄明白原因。如果是因为精细动作和自制能力不完善，就要帮助孩子改正不良习惯，让孩子掌握熟练的吃饭技巧。

3. 让孩子多一点亲身体验。明明是一个4岁的孩子，有一天下雨的时候，妈妈送他去幼儿园。在路边明明被一条蚯蚓吓得大叫。妈妈见此情景，就在蚯蚓跟前蹲下，对明明说："蚯蚓是益虫，不会伤害人，来，你碰碰看。"明明摇着头对妈妈说："不要，我害怕!"妈妈就用手指轻轻碰了一下蚯蚓，说："不用怕，你看妈妈都敢碰，你是男子汉，怎么能一条小虫子呢?"在妈妈的鼓励下，明明小心翼翼地用手去摸蚯蚓。妈妈见后就对孩子说：“宝贝真勇敢！”明明高兴地笑了。如果父母因为孩子害怕就任由他远离事物，不给他观察和接触的机会，只会让他对这些事物产生更深的恐惧心理。孩子年龄小，有很多事物还没有见过，所以有时候因为对事物缺乏了解而产生恐惧，这也是正常现象。父母要做好引导，让孩子多一些亲身体验，以此来克服孩子的胆怯心理。

4. 让孩子多一点快乐冒险。乐乐7岁了，一次和爸爸一起打羽毛球，不小心把球打飞，球落在了房顶上。乐乐对爸爸说：“爸爸，帮我搬一个梯子，我要爬上去捡球。”爸爸说：“我可以帮你，但是你要答应我，一定要注意安全，要抓牢梯子，到了房顶不要乱动；为了你的安全，爸爸要和你一起上去。”乐乐答应了。在爸爸的帮助和保护下，乐乐顺利地拿到了球，小脸上洋溢着满足和喜悦。乐乐爸的教育方法既保证了孩子的安全，又让孩子有了冒险的体验。如果在乐乐提出上房捡球的时候，爸爸毫无理由地拒绝他，并吓唬他：“掉下来就没命了！”这种做法就会扼杀孩子的冒险精神，使孩子变得胆小怯懦。

适度地冒险是培养孩子勇敢品质的重要方法。有些父母因为怕孩子出危险，就忽视了对孩子冒险精神的培养，这样会让孩子滋生依赖心理，不利于孩子的健康成长。在有安全保障的前提下，父母应该鼓励孩子玩一些带有冒险成分的游戏，比如荡秋千、滑板、游泳、骑自行车等。

035 敢于出头——领导力使孩子更杰出

领导才能是各种能力的综合，现代教育很重视孩子领导能力的培养。孩子担任班干部，有机会锻炼自己综合分析、创造、决策、应变、协调、语言表达、自学等能力。经常听到一些父母说："孩子胆子比较小，就算和小朋友玩也是出于被动地位，更不用说当领导了。"如何培养孩子的领导能力呢？在孩子领袖才能的培养中，家庭环境起着至关重要的作用。

要想培养孩子的领导能力，父母可以从以下几个方面着手：

1. 给孩子创造"做领导"的机会。父母要有耐心，注意循序渐进地对孩子的领导能力进行培养。父母可以让孩子在家里扮演一些组织者的角色，例如让孩子负责安排全家做清洁时的分工；可以组织一些小型的家庭娱乐活动，如猜谜语等。经过锻炼，孩子将逐渐具备组织同伴活动的勇气。

2. 帮孩子建立自信心。孩子年龄小，很多时候都会显得不自信，这就需要父母进行适时的鼓励。当孩子面临困难时，父母能给他的最有效的帮助就是告诉他："我知道你能行！"

3. 父母要放手让孩子自己去探索外面的世界。孩子对陌生的世界充满了好奇，什么都想尝试一下，父母对这种尝试要支持。孩子只有多探索外面的世界，才能有坚强的意志，才能培养领导能力。

培养一个小领袖，对于孩子将来的发展有很多好处，但是爸爸妈妈要掌握分寸，不要让领导地位给孩子带来负面影响，如孩子可能会利用自己的领袖地位要挟小伙伴，如果小伙伴有不同意见，孩子就会以“我不跟你好了”、“我不和你玩了”来要挟，让每个人都听他的。久而久之，孩子的领袖地位就会慢慢失去。遇到这种情况，父母就要告诉他们“你和别的孩子都一样”，避免这种领导地位给孩子和同伴带来负面影响。

当然，要想担当一个领袖，同时还必须具备高度的责任感、坚强的意志以及替他人着想的能力等。

第七章 用高贵的品格征服人心——美德是孩子最大的竞争优势

一个人的善心、爱心、良心综合表现为感恩之心，这是道德的根本，也是社会公德的根基。父母应让孩子知道：要想有好的人际关系，就必须有感恩的心，感恩是做人的基本要求，是关心他人、热爱祖国等品德形成的起点。

036 百善孝为先，教孩子孝顺长辈

孝敬父母是中华民族的传统美德，但是很多父母在教育孩子时，又往往忽略对孩子进行这方面的教育。

百善孝为先，每个父母都希望自己的孩子能做到孝顺长辈，但现实生活中，有些孩子不懂得孝敬父母、孝敬长辈，尤其是在一些独生子女家庭里。

孝敬长辈，就应该让孩子听从长辈的教诲，意见不同时也要注意用正确的方法沟通；孝敬长辈，就要严格要求自己，要体谅长辈的艰辛，不要让长辈们为自己操心；孝敬长辈，就应该为父母排忧解难，如果父母生病或遇到困难，就要尽力去关心照顾父母、协助父母；孝敬长辈，就要刻苦学习，努力求知，让父母少为自己的学习担忧；孝敬长辈，就要学会自己照顾好自己，要注意安全，如果出门时间比较长，就要及时向父母汇报自己的情况，不要让他们担心……总之，真正的孝心要体现在言行上。

要培养孩子的孝心，必须从小就要认真教育：

1. 让孩子懂得感恩。孩子要从小教育，懂道理是慢慢培养出来的，要让孩子知道孝心是中华民族的传统美德，没有孝心

的孩子不是好孩子。父母还要让孩子知道怎样做才算是有孝心的表现。多让孩子了解父母的工作情况，让他从小就认识到挣钱的艰辛，不要让孩子认为自己吃好、穿好是天经地义的事情，要让孩子学会对父母感恩。父母应在关心孩子成长的过程中培养孝心，让孩子知道妈妈十月怀胎的艰辛，知道感激父母的养育之恩。有孝心的孩子才会懂礼貌，才会为父母分忧解难。父母还可以给孩子多讲一些孝子的故事，让孩子通过形象去理解孝顺的意思。

感恩是孝心的亲情基础。父母养育孩子都很辛苦，让孩子体会父母的亲情，让孩子体会父母也同样需要孩子的关心和爱。

2. 给孩子实践的机会。真正的孝心要通过实践来培养。在日常生活中，应该让孩子分担一些家里的事情，让他负起责任来。长辈生病的时候，应该告诉孩子该做哪些事情，并付诸行动。时间长了，孝心就会在孩子身上扎根。

3. 父母应为孩子做好榜样。父母对自己父母的孝心如何，将来自己的孩子就会对自己如何。真孝心还是假孝心，孩子都能看清的。因此，做父母的一定要对自己的行为进行反省，在自己身上求真，那样孩子才会学到真正的孝心。

4. 从小抓起、从小事做起。让孩子养成孝敬父母的好习惯，就要从小事一点一滴做起。在日常生活中，父母要让孩子学会关心长辈的健康，帮助家人做家务。

5. 给孩子制定孝道家规。没有规矩不成方圆，在家庭生活中，必须让孩子知道什么是应该做的、什么是不能做的，这样才能用正确的言行规范自己。父母可以给孩子设立孝道家规，比如：要关心长辈、要尊重长辈、要体贴长辈……

在教育孩子要有爱心的同时，不要被封建思想影响，父母的思想要与时俱进。

037 培养孩子的感恩之心

所谓“滴水之恩，当以涌泉相报。”“投我以木桃，报之以琼瑶。”感恩也是一个人必须具备的基本道德品质，是做人最起码的修养。

怀有感恩的心，就要时时对自己所拥有的事物心存感激，同时也要对别人为你所做的一切怀有敬意和感激之情。

一个人的善心、爱心、良心综合表现为感恩之心，这是道德的根本，也是社会公德的根基。父母应让孩子知道：要想有好的人际关系，就必须有感恩的心，感恩是做人的基本要求，是关心他人、热爱祖国等品德形成的起点。

1. 对孩子进行感恩教育要从早做起，从细节入手。播种思想才能收获行为，积累行为才能收获习惯，从小引导就能积少成多，聚小成大，由表入里。父母和孩子之间有一种自然的亲密关系，父母的一言一行都会影响到孩子，给孩子留下深刻的印象，所以一定要重视家庭教育的影响。有些父母怕孩子吃亏，被人欺负，总是对孩子做出消极的引导，如“他打你，你就打他”；有些父母自己就缺乏同情心，这也会给孩子带来负面影响；有些父母只会溺爱孩子，而不教孩子如何去关心和帮助别人……诸多因素都造成了孩子对他人缺少关爱之心。

2. 让孩子学会“感恩”，其实就是让他们学会懂得尊重他人，不要以自己为中心。

要想让孩子学会感恩，首先就要让他学会感动。情感体验是引发孩子感动的渠道之一，它强调人的内心感受。在家庭生活中，对孩子点点滴滴的爱意，都应伴随着感恩教育。

3. 要从生活中的点滴小事教孩子学会感恩。父母过生日时，孩子送上的一个生日蛋糕是感恩，送一张生日卡片也是感恩；日常生活中，孩子为父母倒一杯热茶，送上一条热毛巾，也是感恩。感恩不是靠别人提醒的，而应该发自每个人的内心。有时候感恩很简单，一个会心的微笑，一句关爱的话语，一个凝望的眼神，一种温暖的触摸，都是感恩的体现。有了感恩，家庭才会有阳光，日子才会变得快乐。懂得感恩的家庭，才是幸福的家庭。

爸爸妈妈忙了一天，回到家中能够听到孩子说一句“爸爸、妈妈，你们辛苦了！”就是对父母最大的感恩。遇到重要的节日，父母可引导孩子为家人准备小礼物，收到孩子的小礼物时，父母脸上一定要露出幸福的笑容，让孩子体会到父母对自己的爱的需要。

总之，培养孩子的感恩之心要从小就开始着手，从生活的实际出发，要具体、直观、形式多样地教育孩子，多为孩子创造奉献爱心的机会，并注重影响孩子成长的各种因素，长期坚持做下来，感恩的心就会在孩子的心田发芽，茁壮地成长，为他们将来成为有爱心的社会成员打下坚实的基础。

038 把孩子培养成“爱心小天使”

要想培养孩子的爱心，父母就不能过分溺爱孩子，要用正确的教育方式教育孩子，不能让自己漫不经心的行为剥夺了孩子的爱心。要培养孩子的爱心，首先要从家庭教育入手，比如，要教孩子把好吃的东西给长辈吃；家里有小朋友来做客时，要培养孩子学会与人分享自己的玩具等，不能独享；要教育孩子爱护花草树木和小动物，让孩子懂得照顾动物，时间长了，孩子就会把与人分享当成一种快乐的事情。

在生活中培养孩子的爱心，需要从以下几个方面入手：

1. 从娃娃时期开始抓爱心培养。婴幼儿期是一个人各种心理品质形成的关键时期，爱心的形成也是在婴幼儿时期。因此培养孩子的爱心，要从孩子很小的时候抓起。父母要对婴儿经常爱抚，要经常对孩子微笑，父母的爱就要让孩子感受到，这是孩子萌生爱心的起点。随着孩子一天天地长大，父母要多陪孩子游戏、聊天、学习，让孩子感受到家庭的温暖，感受到被爱的幸福，为孩子奉献爱心打下基础。

2. 做富有爱心的父母。父母是孩子的一面镜子，孩子是父母的影子。没有爱心的父母是无法培养出有爱心的孩子的。父母的言行时时刻刻都在影响孩子，身教重于言教就是这个道理。因此，父母要注意自己的言行举止，对老人要孝敬，对孩子要关心、要关爱他人、乐于助人等，让孩子觉着父母是富有爱心的人，自己也要做一个富有爱心的人。

3. 教孩子具备移情能力。所谓移情能力是指能设身处地地为他人着想、感受他人情感的能力。比如当看到别人生病疼痛时，要让孩子学会体谅他人的痛苦，从而为他人提供力所能及的物质或精神上的帮助。

4. 为孩子提供奉献爱心的机会。做父母的不能一味地疼爱孩子，却不知道给孩子多提供一些机会，让孩子去奉献爱心。其实施爱与接受爱是相互的，如果只接受不付出，时间长了，孩子就会丧失施爱的能力，就会只知道索取，不知道给予，把别人的关心当成理所当然的事。

有些父母以为只要给孩子多点关心和疼爱才能让孩子健康成长，爱心等孩子大了自然就有了。其实这是一种误解，不给孩子学习关爱的机会，他们怎么会关爱父母呢？

涓涓之水，汇成江海，爱的殿堂也要靠一点一滴的爱心来构建。从小给孩子同情心和怜悯的情感，是在他身上培植善良之心、仁爱之情。所以，父母爱心的表现也会深深打动孩子幼小的心灵，能够唤起孩子对他人的关心。比如，在公共汽车上，父母可以通过给体弱的老人让座，让孩子学会关心身边的人。

总之，培养孩子的爱心，要从小事做起，从点滴做起，要长期积累，让爱心在孩子心头扎根，并随着孩子的成长而不断升华。

039　要培养孩子的诚信品质

诚信是一个人立足社会和成长发展的基石，是人性一切优点的基础，比任何品质都更能赢得尊重和推崇。

在家庭教育中如何才能培养孩子的诚信品质呢?

1. 父母要做好示范作用。父母的榜样作用是孩子诚信品质形成的重要影响源。要想培养诚信的孩子，首先要做诚信的父母。父母要用自己的一言一行来告诉孩子什么是诚信，让孩子理解诚信的意义。

父母的诚信，要表现在与孩子的交往上。孩子的模仿能力很强，很容易受到暗示。如果父母言行不一，不讲诚信，孩子就会跟着模仿。父母不能随意答应孩子的要求，只有自己能做到的才能答应，不然会使孩子认为父母说话不算数。长此以往，父母在孩子心中的地位就会降低，也会让孩子从父母那里学会欺骗别人。当然，父母在与其他人之间的交往是否诚信，也都会直接地影响孩子对诚信的认识，影响孩子诚信品质的形成。

比如孩子缠着妈妈，不让妈妈去上班，妈妈为了脱身告诉孩子回来时给她买新玩具。但是每天都上班，不可能每天都买新玩具。如果这样说了，你只要空着手回来你就等于丢掉了诚信。不要觉得孩子还小，什么事转眼就会忘，孩子是好模仿、易暗示的，当她被哄骗几次之后，就不再相信大人的话了，孩子长大之后也很容易学会骗人。

2．创造讲诚信的家庭氛围。讲诚信的家庭氛围才能让孩子更好地养成诚信的品格，父母要做有心人，有诚信的氛围才能感染孩子的心灵。家庭成员之间要相互信任，不要认为孩子年龄小，就不会把尊重和信任放在心上。父母可以和孩子共同阅读有关诚信的图书，和孩子一起讨论有关诚信的话题，鼓励孩子多与人交往，在交往中感受诚信。这样，孩子会在愉悦互信的氛围中受到熏陶，诚信的意识也就会逐步培养起来。

3．在最佳时期因势利导地教育孩子。心理学研究表明，三四岁是孩子诚信品质形成的关键时期，这个时期是孩子容易撒谎的时期，父母一定要抓住这个教育的最佳时期。这时，对孩子的撒谎，父母要弄清楚原因和，及时予以纠正，但不要过分指责孩子的谎话，因为孩子毕竟还小，对是非的判断能力还很弱，说谎则可能是其争取做一个“好孩子”的一种手段。但是，不管是什么原因，撒谎都是不能放任的，在孩子撒谎的时候要耐心地给孩子解释，告诉孩子正确的答案和结论。

孩子教育的另一个关键期就是青春期，这一时期孩子开始走向独立，对事物的认识还不全面，在很多方面需要父母的支持，但是有时候会跟父母对着干，所以说谎也成为一种重要的自我解脱。这一时期，父母要更加注意分析孩子撒谎的原因，不能不分青红皂白地大加指责，更不能体罚孩子。做父母的在弄清楚孩子撒谎的原因的前提下，要尊重、信任孩子，正确对待孩子的撒谎行为，与孩子探讨解决问题的办法。孩子犯错误并不可怕，让孩子明白犯错误是学习的好机会，不要认为自己太糟糕，不要让孩子产生进一步掩饰自己的动机；还有，要主动关心孩子的成长需要，为孩子的成长创造一个比较宽松的环境。不要对孩子控制太多，要给孩子充分的信任，试着对孩子说：“我知道你告诉我真相很难，但我佩服你能面对现实的勇气，你能克服并改正。”

4. 多培养孩子一诺千金的意识。对孩子提要求要提前，比如出门之前要让孩子答应什么东西可买，什么东西不可以买，看电视的时候让孩子自己规定看多长时间，让孩子自觉地遵守承诺，放学后要先做完作业再去玩等。凡是孩子答应做的事，父母就要督促孩子完成，孩子做不到的时候，父母就要坚持让他做到，不能一味地迁就孩子。

诚信是一种美德，唯有诚信才能让孩子的人生充满快乐。

040 有责任感的孩子才能担当重任

很多父母经常在老师面前抱怨："我的孩子每天回家就看电视，什么事都不愿意做，让她帮忙做点事也极不情愿地去做。""对于老师布置的作业、老师布置的任务，我家的孩子从来不告诉我们，每天还要我帮他收拾好书包。"……这些现象都是孩子缺乏责任感的表现。

责任感是一个人日后能够立足于社会、获得事业成功与家庭幸福至关重要的人格品质。要想把孩子培养成一个有责任心的人，父母首先要有责任心。

培养孩子的责任心可以从以下几个方面入手：

1. 让孩子学会自己的事自己做。培养孩子的责任心首先就要求父母放弃对孩子的溺爱，对于那些力所能及的事情都应该让孩子亲自动手，让孩子去为自己多承担一些责任。

2. 让孩子品尝挫折，学会承担。在孩子的成长过程中，遇到一定的挫折是很正常的，因为许多时候孩子还不知道责任是什么，所以为了培养孩子的责任感，可以适当地让孩子品尝一下做事不负责任的后果，让孩子接受失败的教训，从而获得成长。

3. 给孩子树立一个好榜样。父母的言行举止对孩子有着深远的影响。孩子会把父母的一些所作所为看在眼里、记在心上，长期的耳闻目染都会使孩子受到影响，孩子不自觉地就会去模仿。如果一个人对孩子、对长辈、对爱人、对家庭、对社会都毫无责任感，即使想教育孩子做事要有责任心，孩子也会很不服气，对什么事情都会很不以为然。所以，父母要给孩子做好榜样，要做到严于律己，这样才能更好地去教育孩子。

4. 让孩子参与家庭生活，提高责任感。家庭是孩子发育成长的重要场所，是孩子日常生活的出发点和归宿。要想培养孩子的责任感，就必须从家庭这个重要场所入手，让孩子积极地参与到家庭生活的方方面面，让孩子觉得自己是主人而不是客人，只有孩子觉得自己是这个家庭中不可或缺的一员时，他才能觉得自己被整个家庭所需要，那样他对家庭的责任感才会油然而生。要做到这一点，父母首先必须转变观念，不能老把他当成什么事情都不懂的小孩子。父母要让孩子参与到家庭的事情中来，对孩子提出的好的建议、好的想法，要积极地采纳，并加以表扬和鼓励。

5. 不让孩子逃避责任。要培养孩子的责任感，最主要的是让孩子对自己的言行负责，只要孩子具有承担责任的能力，犯再大的过失都要承担，不能让他逃避和推卸责任，更不能让大人出面解决。比如当孩子损坏了别的孩子的玩具时，父母就应要求孩子自己去帮人修理或照价赔偿；孩子和别的孩子打架了，父母就应要求孩子自己去登门道歉，并鼓励孩子去照顾被打伤的孩子等。

6. 要求孩子做事有始有终。良好的责任心需要有坚强的意志和持之以恒的态度来维持。孩子有着强烈的好奇心，有着广泛的兴趣爱好，但是缺乏坚持性、自制力，遇到困难的时候都会打退堂鼓，很容易放弃。这是孩子在成长中的问题，不是孩子缺乏责任心的表现。因此，要想增强孩子的责任心，父母就应当注意培养孩子具备做事有始有终、负责到底的良好习惯。例如把一件事交给了孩子，就要让他由小到大，由易到难地去做，父母要全程监督，发现问题就要及时地纠正，决不允许孩子做到一半就随意放弃。父母要从头到尾认真地指导孩子把事情做好，然后再表扬他能力强，而不是父母坚持的成绩，鼓励孩子独自勇敢地去完成一件事。

041 懂得谦让的孩子会少很多麻烦

谦让是中华民族的传统美德。传统的教育理念就是提倡要教导孩子克已让人、提倡对人忍耐、宽容，提倡“吃亏是福”。

谦让既是一种社交品德，又是一种生存智慧。它不像识字算数一样拥有一套教程，可以“教”给孩子。在培养孩子的品德方面，身教远远重于言传，父母要善意地看待世界，要礼貌谦和地对待他人，更要礼貌谦和地对待孩子，这样在父母的行为影响下，你的孩子才能成为一个德才兼备的人。

圆圆是一名初中一年级的女生，在一所住宿制学校，学校在每天中午会发一个水果。开始的时候，她回家常常对妈妈说，有时候自己会分到不好的水果，就会闷闷不乐，但后来她想，这个不好的水果如果不分给她，就会分给另一个同学，无论如何，总会有一个人吃到它。这样一想，她就不再不开心了，以后不管分到什么样的水果都不会太在意。

在现代日趋激烈的社会中，很多父母认为谦让是让别人认为自己懦弱无能，竞争才是适应时代的。孩子谦让，只会损害孩子自身的利益，其实谦让与竞争并不是对立的。父母无须将自己的经验以智性的方式传授给孩子，孩子也是一个独立的个体，和父母有着不同的思想，父母的经验对孩子不一定适合，要让孩子自己去判断、去成长。

一个真正懂得谦让的人，会有较强的自我意识，还会拥有良好的安全感、对自己评价比较高，这样的孩子的谦让行为是从内心发出的，而不是被迫无奈或者虚伪假装的。

所以，谦让就要有自信心和安全感做基础。如果一个孩子没有较稳定的自我意识，不清楚自己与他人的边界，不知道自己拥有的责任和权利，那么他就不会拥有自发的谦让，而是在损伤自己利益的基础上表现出来的。遇到应该保护自己利益的情况，他就不可能运用自己的智慧，不会根据具体情况来进行选择。

孩子往往体会不到吃亏与否，只有成年人才会有这样的感受。成年人也会以自己的感受来理解孩子，或者将自己的价值观强加给孩子。很多父母想让孩子学会谦让，但又怕孩子过于谦让，担心谦让会磨灭孩子的竞争意识，其实这种焦虑的根源在于成年人对谦让的本质和意义不了解，只是为了迎合他人的期待，而要求孩子做出谦让的模样。

在注意孩子安全的情况下，父母应该放开孩子的手，让孩子通过自己的体验来学会与他人交往。父母过多地干涉，只会剥夺孩子学习的机会。一般来说，父母不能过度保护孩子，否则会让孩子变得更怯懦，习惯依赖成年人替自己解决问题。另外，父母还要知道，谦让意识是逐渐建立起来的，是不可能立竿见影、一蹴而就的。父母只有帮助他们梳理、疏导情绪，并让其慢慢积累经验，他们才能找到最适合自己与他人交往的方式。

042 让孩子拥有一颗宽容的心

每位父母都希望自己的孩子有一个健全的人格，能够学会宽容别人。欣赏别人是具有健全人格的一个方面。

宽容才能理解别人，才能不斤斤计较。在日常生活中，父母应该从具体事件入手，才能取得可行、有效的教育。对孩子的教育不能只看到别人的短处，也不能看不起别人，对事情不能斤斤计较。比如说，如果孩子抱怨："我的书小明都借了好多天了，到现在还没还给我。"父母就可以这样回答："没关系的，可能是因为他看书比较慢，对不对？你忘了他上次把篮球借给你玩了好久呢。你还有很多书可以看呢，别着急呀。"如果孩子说："我太讨厌他了。"这时父母就应该特别注意了，这是个危险的信号。父母要适时地开导孩子，让孩子认识到别人的优点，不要把别人的缺点都记在心里，要宽厚地对待别人，那样才能获得别人的爱戴与敬重，才能赢得更多的朋友，才能很好地和别人沟通和交往。

宽容对于孩子来说，不仅是一种待人准则，更是一个保护心理健康的习惯。要想让孩子学会宽容，父母应该从以下几个方面入手：

1. 教孩子善待他人。让孩子明白，善待他人就是善待自己。对他人多一分理解和宽容，其实就是对自己的支持和帮助，正所谓“赠人玫瑰，手有余香”。

有这样一个故事：一个孩子站在山谷中大声叫道：“喂！喂！”附近的大山立即反射出他的回声：“喂！喂！”他又叫：“你是谁?”回声答道：“你是谁?”他又尖声大叫：“你是个大笨蛋！”立刻又从山上传来“你是个大笨蛋”的“回答声”。听到这些，孩子十分愤怒，于是就向大山骂起来，然而，大山也毫不留情地“回骂”他。

于是孩子就很生气地跑回家向妈妈告状。母亲听后对他说：“孩子呀，那是你做得不对。你可以试着对他恭恭敬敬地说话，它也会和和气气地对待你。”孩子说：“那我明天再去那里说些好话。”“这就对了，”他的母亲说，“在生活里，你对别人好，别人便会对你好；如果我们自己很粗鲁，是绝不会得到人家友善相待的。你一定要记住，只有善待别人，别人才会善待你啊！”

这位聪明的母亲恰到好处地教会了孩子怎样待人。让孩子学会了善待他人，就教会了他宽容别人，因为只有让孩子拥有了一颗友善的心、宽容的心，孩子才会在日常生活中做到宽容他人。

2. 学会宽容你的孩子。现代社会强调以人为本，要想让孩子学会包容，父母首先要做到自己宽容，对孩子的某些行为可以不赞赏，但是要学会接纳、学会宽容。古时候有一个德高望重的老禅师。一天晚上，老禅师在院子中散步，忽然发现墙角那边有一张椅子，他知道有人越墙出去了。老禅师并没有产生惩罚弟子的想法，而是走到墙角把椅子移开，自己就地蹲在那里。过了一会儿，果然有一位小和尚翻墙进来了，他就踩着老禅师的背跳进了院子里。当学生落地后，被蹲在地上的老禅师吓了一跳。没想到的是，老禅师并没有厉声责备他，只是平静地对他说："夜深天凉，快去多穿一件衣裳。"事后，老禅师并没有提起这件事，也没有向任何一个弟子说起过这件事。但是从那以后，再也没有弟子越墙到外头闲逛。正是老禅师的宽容，给了弟子改正的机会，让弟子开始对自己行为进行反省，从而改正了自己的不良行为。

3. 创造机会让孩子多接触同龄人。让孩子多与人接触，在交往中互相取长补短，使自己的人际交往能力和社会适应性不断提高，养成良好的性格。必要时，让孩子体验一下不原谅别人的害处：如果总是与人斤斤计较，对他人毫不宽容，小朋友就会害怕或不喜欢与这样的人做朋友。不会原谅别人，也得不到别人的原谅。霸道、蛮横、自私、无情的坏习惯的人，更容易被孤立，以后走入社会也会吃大亏。

法国大作家雨果说过："世界上最宽阔的东西是海洋，比海洋更宽阔的是天空，比天空更宽阔的是人的胸怀。"宽容是人际交往和沟通的润滑剂，在宽松的人际关系下成长起来的孩子才能有良好的心态。

043　别在孩子心中埋下自私的种子

自私对孩子的成长不利，它是一种不良的心理和行为表现，对孩子的身心健康和品德发展都十分不利。在幼儿时期，孩子的一切行为意识大都来自于本能。随着自我意识的增强，孩子往往对自己喜欢的东西有独占欲，不允许别人触碰。

许多独生子女往往承受着太多的宠爱，时间长了就会在长辈的这种关爱中滋生一种“以自我为中心的”思想，觉得什么都是“我”的。要想纠正孩子的这种坏毛病，需要家长进行正确的引导。

1. 改善家庭教育环境，让孩子明白自己在生活中扮演的角色，清除孩子以自我为中心的思想观念，不要给孩子特殊地位，让他（她）和别人同等生活。自私的孩子在家庭生活中有以下特征：不关心父母长辈，不做或很少做家务劳动，好吃的好玩的东西都要霸占，对生活提出过高的要求，觉得自己得到的好东西不够。家长可让孩子分担合适的家务劳动，让孩子体会到每个家庭成员都是相互依存的关系，要懂得互相关心、互相爱护，好东西要和大家分享，不允许一个人独霸。如果孩子不听，家长就可以采取适当的措施让孩子接受惩罚，让孩子明白互相关照的重要性。

2. 让孩子在同学中和邻里中结交朋友。父母平时可以有意识地与孩子一起交谈和娱乐，还要鼓励和指导孩子与同学与邻里发展友谊。

3. 让孩子积极地参加集体活动。对于孩子来说，小组、班级和学校等都是集体。孩子要在这些集体中生活和学习，就应该同这些组织的其他成员团结互助，共同完成集体活动的任务，并形成集体意识。父母在鼓励孩子参加集体活动的时候，要教育孩子在集体活动中团结友爱、勇挑重担、遵守纪律，让孩子克服狭隘、自私、重名、重利、害怕吃亏等错误思想。

4. 让孩子深刻认识到自私的危害。很多孩子不知道自私的害处，却经常尝到自私的“好处”。父母要引导孩子从深入地认识这个问题，比如担任班干部，从表面看是花费了自己的精力，有时还会受气，但从深层次来看，担任班干部不仅可以利用这种机会向各位同学学习，还可以锻炼自己的组织管理能力。

要母父母要引导孩子认识自私自利的危害，及早向孩子敲响警钟，不要让孩子在认识和情感上有自私的情绪存在。

044 父母要以身作则，为孩子做好榜样

父母是孩子的第一任老师。严于律已、以身作则的教育方法能够让孩子在潜移默化中受到影响。在孩子心中，父母都是伟大的、亲切的、几乎无所不知、无所不晓，是“万能”的。父母的行为对孩子有着最直接、最深刻、最长久的影响。所以父母在家庭生活中要做到尊重长辈，夫妻之间要相互尊重，为孩子营造一个和谐家庭氛围；在公共场所，也要讲文明、讲礼貌、讲道德、讲卫生；为人处世要做到诚实、守信。这些都能在潜移默化之中影响孩子的成长。

父母的一言一行、一举一动都是在对孩子进行教育，父母在某一件事上对孩子产生的榜样效应会影响孩子的一生。所以，父母要注意自己本身的行为。带孩子坐车的时候就要让孩子学会给老、弱、病、残、孕等人群让座。在日常生活中，不要因为一点小事就和别人吵架、斤斤计较，不要在孩子面前说谎，要随时随地约束自己的言行，给孩子做好榜样。

父母身体力行，为孩子做一个好榜样，孩子就会在父母的良好言谈举止中获得更多的思想辅导和心灵滋养。

父母以身作则主要应从以下几个方面做起：

1. 家庭关系要处理好，孝敬老人，关心家人，创造一个温馨宽松的家庭生活环境。

2. 保持乐观向上的生活态度，爱家庭、爱孩子，在困难和挫折面前不退缩，能够不断克服困难，走出困境。

3. 关爱朋友，乐于助人，邻里和谐、友爱。

4. 工作上有责任心，学习要积极，养成读书的好习惯，不断进取。

5. 自己有错时要认真对待，勇于改正，纠正不良习惯。

6. 注意爱护环境，选择绿色生活方式。自觉搞好家庭的环保，如垃圾分类，节约水资源、维护公共环境，爱护野生动物、爱护大自然。

7. 生活要有情趣，有个人的特长、爱好，积极营造丰富多彩的家庭生活。

第八章 习惯是一个人心灵的镜子——好习惯是孩子一生的财富

随着孩子年龄的增长，家长就应该及时培养孩子爱整洁的习惯，不能一味地让孩子“捣乱”、“破坏”下去。这是家长对孩子教育的责任，也是培养孩子养成良好行为习惯不可缺少的。

045 培养孩子干净整洁的习惯

面对孩子，很多家长都会忍不住地说孩子整天都在动，没有一刻停歇的时候，刚收拾好的屋子一会儿就会被他搞得乱七八糟。面对这样的情况，很多家长都会不停地唠叨孩子，让他们收拾好玩具。其实，这些做法都是不正确的。

随着孩子年龄的增长，家长就应该及时培养孩子爱整洁的习惯，不能一味地让孩子“捣乱”、“破坏”下去。这是家长对孩子教育的责任，也是培养孩子养成良好行为习惯不可缺少的。但是培养孩子爱整洁的习惯并不是要求孩子不动东西，而是在孩子弄乱了东西之后，要和孩子一起动手整理好，让孩子认识到整洁和用完东西放回原处的重要性。在孩子做到把东西弄整洁、物品用完后归位时，父母要及时地表扬他。

要培养孩子爱整洁的习惯，父母在平常就要为孩子创造条件，摆放物品时也要有一定的原则：

1. 为孩子准备好放东西的地方。让孩子知道，他的每种东西应该有固定的住处。比如玩具、体育用品、绘画材料等要分门别类地放好。每种东西有固定的位置，不要任何东西都堆到一块，因为物品混放在一起容易被损坏。积木或许多部件的玩具最好放在分开的塑料格子里。总之，无论怎样安排，目的就是让孩子的每样东西都有固定的存放处，这样才能做到整洁。

2．便于取放。从孩子的角度看一下，把每个架子、柜子、衣橱都安置在孩子便于取放东西的位置。

3．标明用途。在存放东西的柜子上都贴上说明，也可以画一幅图便于孩子理解。那样孩子就可以很快找到自己要找的东西，避免随便乱翻。

除了把东西摆放的有规律之外，还要对孩子进行指导和监督：

家长要做好模范带头作用，自己先做一个讲卫生、做事有秩序的人。对孩子的教育不是一下子就能完成的。必须先让孩子了解你的标准，一步步地慢慢培养孩子的好习惯。

1．做好帮助孩子的准备。就算孩子已经养成爱整洁的习惯，可是要收拾一个大型的组合式玩具，也需要别人的帮助。在让孩子收拾这类玩具时，可以先让孩子自己尽量把玩具收拾到一起，再帮助他把玩具放好。慢慢地提高孩子的能力，这样他可以把更多的玩具收在一起了。最终，他能自豪地独自承担收拾玩具的任务了。

2．养成良好的习惯。在孩子玩过之后要督促他立即收拾好。面对很小的孩子，家长可以和他一起收拾，等到孩子学会收拾时，就开始训练他把玩具放回原处。孩子可以把收拾玩具当成游戏的一部分，形成习惯之后，他就可以把任何东西都及时地收拾整齐了。

要求孩子养成简洁明了的习惯，一定要发出明确的命令：态度要温和而严肃，但不要像是下命令。如果已经给孩子说过把东西收拾好，孩子却没有反应，就等一会儿后再把话重复一遍。如果他听到而不去做，爸爸妈妈就要采取一定的措施。

另外，父母要帮助孩子养成良好的生活习惯。

1. 正确地洗手、洗脸，勤理发、洗头、洗脚、洗澡、剪指甲，这不仅是保持身体整洁的要求，也是保持身体健康必不会可少的。孩子的双手每天就要接触很多东西，会沾上很多的细菌和污渍，所以一定要让孩子养成饭前、便后和手脏时及时洗手的习惯。洗手时要认真用肥皂搓洗，不能只用水冲冲就完事。

2. 手帕要随身携带，并学会正确使用。用手帕擤鼻涕时要按住一侧鼻孔，轻轻地擤另一侧鼻孔的鼻涕，不能同时擤两个鼻孔，以免引起中耳疾病或上颌窦炎。经常更换手帕，保持清洁。

3. 牙齿也要保护好。每天早晚都要刷牙，吃完饭要漱口。很多家长对小孩子的牙齿不注意保护，认为孩子的乳牙迟早都要换掉，这种想法是不正确的。如果不注意保护乳牙，一旦它被龋坏缺损，对孩子的消化吸收都是有影响的，对孩子的成长发育不利。因此一定要注意保护孩子的乳牙，培养良好的口腔卫生习惯，会漱口、刷牙，睡觉前不吃糖果饼干等。

4. 保护好眼睛，知道眼睛的用处，不要用手和脏手绢擦眼睛。看书时要有正确的姿势，即眼距书本一尺，胸距桌沿一拳，握笔时手指与笔尖距离一寸。在光线太强、太弱和太阳直射的地方都不要看书。

5. 保护鼻道，不抠鼻孔，养成用鼻子呼吸的习惯，这样可以使吸入的空气经过鼻道时变得洁净、温暖和湿润，保护呼吸道和肺。

6. 不掏耳朵，异物不要塞进耳内，洗脸洗澡时不把水弄进耳内，以免损伤鼓膜，引起中耳炎，影响听力。

7. 仪表要保持整洁，让孩子每天都要穿干净整齐的衣服，要学会检查自己的扣子是否扣上，鞋带是否系好了，女孩子要注意自己的头发是否整齐，学习梳短发。

046 培养孩子勤俭节约的习惯

中华民族自古以来就有勤俭节约的美德。“历览前贤国与家，成由勤俭败由奢。”虽然我们的生活富裕了，但勤俭节俭这个光荣传统不能丢。现在很多孩子不知道节俭是何物，乱花钱、随便浪费的现象非常严重，那么，要想培养孩子勤俭节约的习惯，应该从哪些方面来做呢？

1. 父母要以身作则，引导孩子养成勤俭节约的好习惯。每个孩子都喜欢模仿，父母就是孩子最好的老师，正所谓“父母要想把孩子培养成一种什么人，自己就应当先做什么人”。父母要做到言传身教，自己先做勤俭节约，才能要求孩子勤俭节约。

父母做到以身作则可以发挥更大的教育作用，让孩子在父母的行动中感受到勤俭节约品质的可贵，从而激发他们积极行动起来，养成勤俭节约的好习惯。

2. 从小事着手，对孩子严格要求，引导孩子养成勤俭节约的好习惯。日常生活中，每个人都会遇到很多小事，培养孩子勤俭节约的习惯就要从小事做起。比如：父母要教育孩子珍惜自己和别人的劳动成果，要爱护家人和集体的财物。不要经常买零食，吃饭的时候要节约每一粒米，不要挑食，不要乱倒饭菜；节约每一度电，做到出门关灯；节约每一滴水，洗手后要及时关紧水龙头，洗衣水、淋浴水可用来冲厕所等；节约每一张纸，白纸不要乱扔，草纸可以正反两面用；另外还要教育孩子不要过分打扮，不能只追求新奇时髦，更不要互相攀比；还要教育孩子不要随便花钱，能节约的钱一定要节约。

父母发现孩子的浪费行为后，要及时制止、正确引导。父母还要经常给孩子讲生活中勤俭节约的例子，用真人真事来教育孩子，给孩子创建勤俭节约的好环境，促使孩子早日养成勤俭节约的好习惯。

3．鼓励孩子参加形式多样的活动，引导孩子养成勤俭节约的好习惯。道德品质和行为习惯是在各种活动和实践中形成的，让孩子参加各种各样的活动，是引导孩子养成“勤俭节约”的习惯的一种必要的途径和方法。

可以鼓励孩子自己讲勤俭节约的小故事，也可以让孩子学习勤俭节约的名言警句，算一次身边资源浪费的数字，看一部有关勤俭节约的宣传片，做一个节约宣传员、节约监督员、节约小先锋等，引导孩子崇尚勤俭节约的观念，争做勤俭节约的好少年。

对于学校或者其他组织举行的勤俭节约小活动，父母要鼓励孩子积极参加，不要认为参加活动会让孩子浪费时间，因为这样的活动往往能让孩子逐步养成起勤俭节约的习惯。父母还要鼓励孩子参加献爱心捐款活动，同时倡导孩子不互相攀比。

4．加强与学校的联系，形成教育合力，引导孩子养成勤俭节约的好习惯。有些父母认为无论花多少钱，只要对孩子的教育有好处，就没有关系；也有些父母由于虚荣心，认为即使自己再苦点，也不能委屈孩子，不能让人家看不起自己的孩子。正确的做法是：不管家庭条件如何，父母都要注意不要让孩子养成“奢侈、浪费”的习惯，要营造节俭文明的现代家庭氛围。

在美国，常常有一些百万富翁的儿子在小院里捡垃圾，常在校园里拾垃圾，把草坪和人行道上的破纸、冷饮罐收集起来，换取一些报酬。对这些事情，那些孩子不会觉得难为情，反而为自己能挣钱而感到自豪。很多家庭经济很好的父母会让孩子去打工送报挣零花钱，这样做的目的是让孩子懂得生活的艰辛、衣食的来之不易。家长可以借鉴美国人教育孩子勤俭节约的做法，培养孩子养成自力更生、勤俭节约的好习惯。

总之，要想培养出勤俭节约的孩子，父母就要以身作则，密切联系学校、生活、社会的方方面面，从生活点滴做起，培养孩子养成勤俭节约的好习惯，让孩子终生受益。

047　培养孩子珍惜时间的习惯

纵观古今中外，凡是成功的人士，对时间都是十分珍惜的，他们往往把时间视为生命，对时间无比珍惜。时间对于每个人都是平等的，谁有紧迫感，谁珍惜时间，谁勤奋，谁就可以得到时间的奖赏。

要想让孩子学会珍惜时间，父母要从以下几个方面做起：

1．父母要做珍惜时间的人，给孩子做好榜样。父母要做一个勤快的人，生活节奏快而不乱，就会让孩子受到影响而成为珍惜时间的人。反之，如果父母整日一副无所事事的模样，孩子也就不会懂得珍惜时间。

2．不要对孩子太娇惯。许多孩子不懂得珍惜时间是因为父母的娇惯。有的孩子爱睡懒觉，父母就会在每天早上一遍一遍地叫，直到不起床上学就会迟到的时候，孩子才匆忙起来，这时父母好给他穿衣服，收拾书包，叠被子……这样做只会让孩子越来越懒散，不利于培养孩子的时间观念，让孩子变得越来越依赖父母。遇到这种情况，父母应该让孩子受到小小的惩罚，让孩子尝尝自己耽误时间的苦果。孩子就会从中吸取教训，以后会逐渐养成按时起床的习惯。

3．让孩子集中精力做事。一旦养成了这样的好习惯，孩子在做事的时候就不会出现手忙脚乱、被动应付的局面，反而会觉得做任何事情都有比较充裕的时间。在孩子做作业的时候，集中精力才能很快地做完，才能腾出更多的时间供自己自由支配，做自己想做的事，或玩耍，或游戏，或看电视，或读课外书等。

4．培养孩子具备勤奋的精神。时间对于每一个人都是平等的，一天都是24小时，用不同的态度对待时间，得到的效益也会大不相同。鲁迅先生认为天才源自勤奋，只有勤奋的人才能取得成功，他自己的成功就是把别人喝咖啡的时间用在了学习和工作上。鲁迅对自己的时间极其吝啬，不愿意让一分一秒白白流失。他把时间比作海绵里的水，总是尽力去挤。

5．从善于抓紧时间着手。为了让孩子养成不浪费时间的习惯，就要让孩子学会把一切生活与学习用品摆放有序，不要因为东西摆放的杂乱无章而浪费时间。要从小养成今天的事今天做完的习惯。在督促孩子完成他自己排定的任务时，要着眼于时间观念的培养，不要让孩子为了应付差事而养成不认真的习惯。

6．学会提高时间的利用率。有些孩子因为不会利用时间，就会把时间白白浪费掉。比如同样是一个小时，有的孩子可以把整个作业都做完，而有的孩子却只能做完一半。这时，父母就要注意提高孩子的学习效率了，帮助孩子剔除浪费时间的活动。

048 培养孩子善于观察的习惯

翻开人类的发展历史，你就会发现，历史上在科学研究中取得成功的人物，都具有良好的观察能力。

牛顿，伟大的物理学家，在孩子时候就喜欢观察各类事物，想透过现象看本质，想把一切不明白的地方弄清楚。有一次，外面刮着大风，牛顿却走出门去，一会儿顺风前进，一会儿逆风行走，就是想看看顺风和逆风到底有多大的速度差。

达尔文，进化论的创始人，从小也热衷于观察动植物，他看到花朵有不同的颜色就觉得很好奇，于是就试着用不同颜色的水区浇灌花，看花是否开出不同颜色的花朵；达尔文曾经到南美观察动植物的生长习性，经过多年的研究，终于完成了巨著《物种起源》。达尔文说："我既没有突出的理解力，也没有过人的机警，只是在觉察那些稍纵即逝的事物并对其进行精细观察的能力上，我可能在众人之上。"

还有我国明代名医李时珍，从小也是非常喜欢观察各种花卉、药草的生长过程，对它们的生长都做了细致的观察，记录下了种种现象，使他得以纠正古代药草书中的很多错误，从而写出了流芳百世的《本草纲目》……

要想让孩子有较强的学习能力，就要培养孩子的观察力。孩子学习知识需要从观察开始，就算是书本知识，也需要孩子用眼睛、用耳朵去观察。有的孩子学习成绩不好，就是因为观察能力太差，从而导致思考能力和判断能力低。由此可见，培养孩子的观察能力是一件非常重要的事。

要想培养孩子养成良好的观察习惯，父母要从以下几个方面着手培养：

1. 指导孩子明确观察目的。对自己喜欢的事，孩子都会怀着好奇心去观察，但是观察的目的往往不明确。事实上，孩子的观察任务直接影响着观察的效果。观察目的越明确，孩子就越能集中注意力，观察也就越细致、深入，观察的效果也就越好。要让孩子有明确的观察目的，就要让孩子树立正确的观察意识，认清观察对于发展自身智力的好处，而且要教育孩子在观察任何事物时都要有明确的目的，即观察什么、为什么观察。

父母和孩子一起去公园时，如果没有要求孩子观察确切的东西，回到家后考察孩子的观察效果，孩子往往不能说出让人满意的答案；经过父母的指点，孩子带着问题去观察，才能比较全面的描绘一件事物。因此，父母指导孩子观察事物时，可以随时指定一种观察对象，让孩子进行有目的地观察。

2. 要激发孩子的好奇心。当代著名物理学家李政道博士说过："好奇心很重要，要搞科学离不开好奇。道理很简单，只有好奇才能提出问题、解决问题。可怕的是提不出问题，迈不出第一步。"

一个人对各种事物的好奇心越强烈，就越具有探索的眼光。如果一个人对周围的事物都熟视无睹，就不可能发现新事物。正如爱迪生所说："谁丧失了好奇心，谁就丧失了最起码的创造力。"

3. 让孩子用观察去验证所学的知识。很多孩子都会认为，老师教的和书本上的知识都是正确的、有权威的、不容置疑的。只有让孩子学会对新知识产生怀疑，才能真正地发现问题，通过观察去验证一切新知识。面对孩子的质疑，父母不要直接告诉孩子答案，那样会让孩子不善于思考，接受事物比较机械。父母可以让孩子通过实验观察自己去寻找正确的答案，这样既能锻炼孩子的观察力，也能让孩子从中学到更多的知识，加深记忆。

当然，在观察之前，要让孩子做好充分的准备工作。观察事物前，让孩子在知识上进行准备是很有必要的。比如，在孩子观察猫的习性时，让他先看一些猫的相关资料，这样有利于孩子根据已有的知识去辨别事物，取得良好的观察效果。

4. 让孩子有计划地观察事物。在孩子观察一个事物之前，父母要帮助他拟订观察计划，让孩子明确观察的对象、任务、步骤和方法，有计划、有系统地进行观察。

观察事物要从简单到复杂，要从小范围到大范围，从短时间到长时间，这样有计划地指导孩子观察事物，才能不断提高孩子的观察能力。例如，父母可以鼓励孩子自己种一盆花或其他植物，每天观察其变化，并学写观察日记。这样，孩子就会对观察充满兴趣，这样才能使观察内容更丰富，才能取得较好的效果；父母可以让孩子观察父母怎样做菜，然后让孩子一边观察，一边学着做，这样不仅提高了孩子的观察能力，而且还锻炼了他的动手能力。

049 培养孩子敢于质疑的习惯

质疑是解疑的前提。质疑就是对各种问题都要持怀疑、好奇的态度，然后进行思考。意识到问题的存在是思维的起点，没有问题的思维是肤浅的思维。有了问题才会思考，思考之后才能找出解决问题的方法。只有当感到需要问“为什么”、“是什么”、“该怎么办”时，才能有主动的思维，才能真正深入地思考。

大文学家巴尔扎克说：“打开一切科学的钥匙，都毫无异议的是问号，我们大部分伟大的发现应归功于为什么，而生活的智慧大概就在于逢事都问个为什么。”

诺贝尔奖获得者李政道认为：“学问”这两个字中，第一个字“学”和第二个字“问”，就是让人们要边学便问，那样才能真正地做到有“学问”。

因此，父母应该注意培养孩子质疑的习惯，要积极鼓励孩子进行质疑。不要认为孩子提出问题是故意刁难自己，也不要觉得那是伤父母自尊而一口回绝孩子的提问，更不能斥责孩子、恐吓孩子，那样做是不明智的举动。

那么，父母应该用什么样的态度和方法来培养孩子质疑的习惯呢？

1. 对孩子提出的问题都要认真地回答。孩子因为年龄小，知识欠缺，所以思维总会有不成熟的地方，会提出一些大人觉得很可笑的问题。面对这种情况，父母一定不要嘲笑孩子幼稚，也不能嫌孩子烦而不愿意回答孩子提出的问题，或者敷衍了事，那样就会让孩子善于质疑的好习惯慢慢失掉。

高尔基曾经说过：“对儿童的问题，如果回答说等着吧，长大了就会懂，这等于打消了儿童的求知欲。”

孩子能够提出问题，表明他已经认真地思考过。对孩子提出的问题，父母就要认真对待，鼓励孩子自己解决问题。这样，不仅解决了孩子的问题，也可防止孩子养成依赖父母的习惯。

2. 给孩子一个准确答复。对于孩子的问题，父母要明确的是，一定要给孩子正确的回答，不要胡编乱造的蒙骗孩子。孩子一旦发现父母是在糊弄他，他就再也不会有质疑的习惯了。

如果父母不知道该如何回答孩子的问题，或者有些问题的答案不便于直接告诉孩子，应该怎么办呢？遇到这种情况，最好的办法就是引导孩子看书，不要只顾自己的面子而不管孩子。父母可以谦虚地告诉孩子：“你提的问题真好，但这个问题我也不懂，等我查完书再回答你，或者你自己查书找答案，好吗？”最好是父母和孩子一起寻找答案，这表明了父母对孩子疑问的重视，也是对孩子的一种鼓励，能提高孩子提问题的兴趣。

3. 父母也要善于问孩子。对于孩子感兴趣的问题，父母可以经常提问，以便引导孩子积极思考。只有经常被提问的孩子才能养成思考的习惯，才会经常性地提出自己的疑问。

另外，父母还可以与孩子比赛提问，通过竞赛的形式，提高孩子们提问的兴趣，进而养成质疑的习惯。但是，父母要明白，对孩子提问要时要注意孩子的年龄和知识范围，不能提得过难或过易，不然会挫伤孩子的积极性。

4．鼓励孩子“标新立异”。每个孩子都有不同的思维方式，跟别人不一样的想法不一定就是错误的。著名作曲家莫扎特小时候曾跟着伟大的作曲家海顿学习。有一次莫扎特对海顿说：“老师，我能写一段曲子，您肯定弹奏不了。”海顿不以为然地说：“那怎么可能呢?”于是莫扎特就将自己写好的曲谱递给了海顿，海顿弹了一段时间后惊呼起来：“这是什么曲子啊？当两只手分别在钢琴两端弹奏时，怎么会有一个音符出现在键盘中间呢？看来这个曲子真是无法弹奏了！”莫扎特却信心满满地对老师说：“老师，我想试一试。”只见莫扎特在遇到键盘中间的音符时，便俯下身体，用鼻子弹了出来。海顿对此感慨不已。

在日常生活中，如果孩子说出了与他人不一样的想法时，父母千万不要呵斥孩子，相反，父母应鼓励孩子，即使孩子提出的想法不太正确，也要充分肯定他的这种精神。

第九章 才华横溢，方有魅力——不凡的气质为竞争加分

人们在心情好的时候接触到的事物就会产生好感，从而喜爱它。而当一个人有相反的情绪时，就会对他遇到的事情产生消极的心情，那么这一事物就容易受到人的厌恶和排斥。父母要想让孩子学好琴、学好画，就要不断给孩子以鼓励，并把这样的学习过程游戏化、趣味化，让孩子在学习中体会到乐趣，这样孩子就容易倾心于这件事，并培养起兴趣。

050 发现孩子的天赋

现在，每个家长都非常重视对孩子的教育，但是有很多家长不懂得教育之道，不知道怎样才能把孩子培养成才。他们或者盲目仿效别人，或者买一本家教方面的书照本宣科，费尽周折却又不见成效。要想让孩子成才，父母要先发现孩子的天赋所在，不能盲目地效仿别人。家长如果能对孩子的天赋早发现、早教育，对孩子今后的发展是大有好处的。要想正确把握孩子的天赋，需要从以下几个方面着手：

1. 从兴趣看孩子的天赋。孩子的兴趣往往会成为其天赋的“闪光点”，贝多芬，世界级音乐大师，在4岁时就对音乐与旋律产生了浓厚的兴趣，喜欢在琴键上来回按动。他的爷爷及时抓住这一“闪光点”，有意识地去培养他，终于使贝多芬在8岁时就能登台表演，最终成为享誉世界的音乐家。

要想发现孩子的兴趣，父母平时就要多注意观察。观察孩子不断地提出的哪一方面的问题，愿意聚精会神地听或津津有味谈论哪一领域的事情；还要看孩子是否主动地参加或观察某个活动，是否专心地做某方面的小实验，是否经常阅读某一方面的书籍，是否特别珍惜某些物品等。另外，父母还要和孩子一起玩耍、散步、旅游，以便发现孩子的爱好与兴趣。

2. 从性格看天赋。国外一项研究表明，孩子的个性也是其天赋的“显示屏”。密歇根大学的专家对125名3～10岁孩子的母亲进行问卷调查，20年后再依据孩子在同别人发生意见分歧时的态度对请他们的性格进行分类，并与现在的情况进行对照研究。研究发现，感情比较脆弱、敏感的孩子，日后大多数成为有艺术天才的人。相关人士的解释是：敏感脆弱的孩子因为对冲突不习惯辩解，有事都积累在心中，所以就会形成比较丰富的内心世界。而那些总想设法在语言上达到目的、喜欢作立论性发言、显得自信的孩子，长大后许多人成了法官、新闻记者或律师。至于那些不经过深思熟虑就脱口而出、为证明自己正确而捶胸顿足、态度咄咄逼人的孩子，长大后可能成为部门的领导人物或管理者。

3. 从行为看天赋。在日常生活中，孩子总会有不同的表现，父母应留心孩子的灵性所在。所谓灵性，就是孩子在某项活动中表现出色，优于其他同龄儿童，表现为对某些知识一点就通，容易入门，学习积极性与主动性强，热情长久不衰。如果孩子很早就开始说话，讲话滔滔不绝，对语言的记忆力较强，喜欢讲故事，这表明孩子有语言天赋；如过孩子喜欢听有节奏的声音和乐曲，学习新歌曲毫不费力，这表明他有音乐天赋；如爱提各种各样的问题，对天文、地理和自然现象的知识感兴趣，表明他有空间想象天赋，长大后极可能成为自然科学领域的佼佼者；孩子对分类与图形颇感兴趣，擅长下国际象棋或跳棋，喜欢问抽象的问题，表明他有逻辑数学天赋，在数、理、化等学科方面有优势；如能观察到别人的微小变化，在阅读小说或看电视、电影时能很快认出其中的正面人物、反面人物，表明他有管理方面的天赋；如能较早地接受各种运动动作，熟练地掌握各种体育器械，表明他有运动协调天赋，让他从小参加体育训练班可能是最佳的早期教育方式。

总之，及早发现孩子的天赋，才能教孩子扬长避短，早日培养成才。

051 孩子才艺启蒙的关键

很多父母都希望自己的孩子有一技之长，送孩子去上艺术班。其实要想让孩子在学艺的道路上轻松愉快，父母就要首先了解孩子心理发展的规律和他的成长需要。看看下面几则小故事，也许能了解到孩子才艺启蒙的小秘密。

故事一：一个妈妈非常喜欢书法，觉得书法会影响自己的一生，于是就希望女儿像自己一样喜欢它。在孩子很小的时候，妈妈就开始教她写毛笔字。并且时常追着问她："静静，要写毛笔字吗?"女儿的回答一般都是否定的，有时候听到妈妈这样问就会迅速跑掉。后来妈妈不再强迫她，而是在自己写的时候都让女儿在身边玩。女儿玩、妈妈写字，二者互不干涉。几天之后，当妈妈再写的时候，女儿就提出自己想要写一写的要求。于是，以后的日子母女俩就能共同快乐地学习书法了。

这个故事告诉我们，孩子都喜欢模仿，并且模仿是孩子学习的主要方式之一。孩子在出生后十几天以后就会模仿大人张口、撅嘴等动作。心理学家认为："与成人比较起来，儿童有更强的模仿倾向，这与儿童缺乏生活经验，缺少独立性有关。"而且，越是孩子喜欢的人，见得最多的人孩子就越喜欢模仿。

所以，孩子往往会不自觉地模仿父母或者小朋友。因此，父母要注意对孩子的情绪传递。父母对什么东西喜欢和投入，孩子就很容易接受和投入，这比说教更有效。

故事二：一位妈妈从怀孕开始，就开始给肚子里的宝宝念一两篇故事或诗歌。等孩子出生以后还每天坚持着这个习惯。有一段时间，只要妈妈一回家，孩子就会把一本已经翻得很旧的图画书放到妈妈面前，让妈妈给他讲，一直要讲到他满意为止。妈妈也买过不少新书，但是孩子总对那几本旧的图画书情有独钟。这是为什么呢？难道是孩子对阅读别的书没兴趣？

其实不是孩子对阅读不感兴趣，是在孩子的学习过程中，除了模仿，孩子还要通过自己的尝试和重复来验证。在尝试和错误中，孩子需要不断重复。当重复之后的结果被验证是正确的话，孩子就会很快乐；如果被验证是错误的话，孩子就会不停地重复来校正自己。在兴趣启蒙中，父母一定要掌握孩子的这种心理特点，而不要试图强制改变它。

很多孩子都喜欢看动画片《天线宝宝》，其中的奥秘之一就是“重复”。四个天线宝宝总在重复地说一个词、一句话，很多场景也是重复的，因此孩子很爱看。

所以，要想启蒙孩子的才艺，就要“多重复”、“小步子”，用耐心陪伴孩子的成长。

故事三：小女孩不到两岁，爷爷就开始教她看地图。妈妈开始不以为然，认为孩子还那么小，话还说不好，怎么能明白地图上那些复杂的颜色和板块的意义呢？可是没过多久，爷爷就开始向大人展示孩子的学习成果了：“中国在哪儿？”小女孩就会用胖乎乎的小手毫不犹豫地指向了亚洲版图上那只“大公鸡”。爷爷又问：“澳大利亚在哪儿?”小女孩就会迅速去找大洋洲。这让大人都大吃一惊；两三岁的小女孩就对每个国家十分熟悉，比很多大孩子还强。

这个故事说明，孩子是一个积极、主动接受信息的主体，就算是小婴儿也会对新事物有很强的兴趣。孩子从一出生就对外界的很多事情充满好奇，两岁左右的孩子对很多事情都想去尝试，如果孩子的生活环境相对丰富，孩子就会对很多东西都感兴趣。这时父母就要多给孩子反馈积极的信息，多说对孩子有帮助的话，对孩子的兴趣发展或各种学习都是有益的。所以，父母不要人为地限制孩子的兴趣范围。

另外，有些父母觉得孩子年龄小，就会担心孩子的安全和健康，所以会给孩子设置过多的规矩或规定，这也不能动，那也不能碰，总是以孩子小为借口来替孩子做很多事。其实，这都是不正确的做法。只要父母多花费一些精力，就可以给孩子扩大很多活动范围。让孩子在这个合理的边界里随心探索，才能激发出孩子更多的兴趣爱好。

所以要想启发孩子的才艺，就要给孩子创造没有压力的环境，让孩子在充分的想象中变得更聪明。

052 让孩子的潜能得到发挥

要想让孩子的特长得到发挥，父母要有一颗善于发现的眼睛，发现孩子的潜能，也要懂得培养孩子的特长。

要发掘儿童的天资，父母就要让孩子多接触各方面的事物，大胆尝试，自己用手去摸、用鼻子去闻，用眼睛去观察，充分接受各种新的生活体验。除了让孩子作多种多样的尝试外，父母还应注意为他们提供各种学习的条件和施展才华的机会。在这些过程中，观察了解孩子喜欢干什么，擅长干什么，再因地制宜、因势利导地培养孩子发展他们的长处。

父母要想发现孩子的潜能，就要注意一下几个方面：

1. 学会仔细观察。在日常生活中，父母要注意孩子的行为举止、喜悦、憎恶，观察孩子与别人交往时的特点：看孩子是不是有创意，是不是善于表达，是不是很有热心……然后把这些观察记录下来，就能归纳出孩子的性格特征、擅长，从而可以诱导启发孩子。

2. 给孩子制造机会。了解孩子的性格特征和特长以后，还要给孩子创造练习的机会。例如家人生日时，让孩子表演节目；节假日和亲朋好友聚会时，让孩子一起向大家说祝福的话；也可以在周末的时候让家人轮流朗诵短文，并发表心得；每月组织一次双休日活动……更重要的是，随时找机会让孩子帮父母做事，如洗碗、拖地、洗衣服、收拾房子……越做越熟练，孩子就越有信心，尝试别的工作更具主动性。

3. 耐心等待。既然给孩子发挥潜能的机会，就要耐心等待孩子发挥潜力。不要什么事都替孩子代劳，让孩子什么都不要做；不要嫌孩子不会买东西，而索性自己出门。这样让孩子坐享其成，会造成孩子的“天资”和“勤奋”被磨灭。所以，当父母埋怨孩子懒惰时，就要自省一下：是不是自己沉不住气，把孩子的表现机会“洗劫”一空？

4. 给予鼓励。不要扼杀孩子的才华，要鼓励孩子自己动手做，及时给孩子肯定的赞美、鼓励的掌声。不能只是一味地训斥、批评，那样会使孩子感到抬不起头，也不愿意尝试新事物。

发现了孩子的潜能后，父母就要给孩子创造条件，促进孩子特长的发展。有特长的孩子才能获得更多的机会动。当孩子通过自己的努力取得了进步，或在竞赛中取得了成绩，他就有了更多的机会认识到自己的能力，从而产生自信，也就有了更强的动力继续发展自己的潜能。

那么，怎样才能培养起孩子的特长呢？

1. 不要强迫孩子，要让孩子选择自己的爱好。若想让孩子拥有某种特长，就要重视孩子的兴趣和态度。不管学什么，都要先启发，培养兴趣，不能硬逼着孩子去练写字，画画、弹琴等。如果不顾孩子的心理特点，强迫孩子做自己不喜欢的事，结果只会让孩子失去学习兴趣，损害孩子的身心健康。可以给孩子提供一个空间，在一个房间或是一个角落，多放置几种器材，孩子对什么有兴趣就让他学什么，这样才能锻炼孩子的技巧和才能。

社会心理学认为，人们在心情好的时候接触到的事物就会产生好感，从而喜爱它。而当一个人有相反的情绪时，就会对他遇到的事情产生消极的心情，那么这一事物就容易受到人的厌恶和排斥。用这一原理对孩子进行教育也非常合适。父母要想让孩子学好琴、学好画，就要不断给孩子以鼓励，并把这样的学习过程游戏化、趣味化，让孩子在学习中体会到乐趣，这样孩子就容易倾心于这件事，并培养起兴趣。

2. 要想让孩子的特长得到发挥，就要注意从孩子的天赋着手，根据不同的环境条件出发。在这方面，父母常犯的失误就是对孩子的观察和了解不够，而是看到别的孩子学什么，或者在报纸杂志上发现一个哪方面的神童，就急于效仿，逼着孩子去学习这个项目。但是对孩子来讲，这根本不是他的所长，学起来就会十分吃力；或者他的兴趣并不在此，因而总感到索然无味。

有这样一个故事：周恩来总理早年去法国留学，居住在一位法国老妇人家中。这位老人就常常以周总理为榜样教育自己的孩子，要他好好向周总理学习。有一天，老妇人的儿子来到周总理的房间问他，怎样才能使自己成为一个有用的人。周总理认真思索后回答他说：“要拔自己所长。”周总理说每一个人身上都有长处和短处，如果人的一生注意发挥自己所长，发挥自己的长处，那才会出类拔萃。

父母要培养孩子的“特长”，就要留心孩子的长处。儿童的天资有许许多多的方面，不一定非要在音乐，绘画这几个方面上死较劲儿。每个孩子都有潜藏的才能，就算是弱智儿童也是这样。发挥出孩子的潜能，才能为今后的发展打下坚实的基础。

3. 要让孩子学着欣赏，评论别人独特的才能。为了发挥孩子的潜能，父母就要经常带孩子看电影、舞台剧等，欣赏音乐会，参观画展、博物馆或其他地方，提高孩子的欣赏水平，在相关领域接受专业人士的指导。

4. 对孩子的表扬要适时、适度。要选择少量的特长去强化表扬，及时给孩子以鼓励。事先想好给孩子指出这些特长时要说的赞赏话，以后每次针对一个特长进行同样的表扬。但是表扬要适度，不然就会失效。只有在孩子的行为的确值得肯定时才予以赞赏。不要觉得孩子小不懂事，不擅长区分真诚的鼓励和虚假的表扬。没有付出努力就得到的表扬，就会降低孩子对自己的期待。另外，表扬还要具体化，这样孩子才能确切地知道自己哪一方面值得肯定。比如，夸奖孩子“你跳舞的动作很优雅，手和身体的动作都和音乐很合拍!”或者说“你很有艺术天分，画里的细节和颜色搭配都很出色!”而不是笼统地说“你真棒”。

053 培养孩子的阅读兴趣

英国戏剧家莎士比亚曾说过："书籍是全世界的营养品，生活里没有书，就好像天空没有阳光；智慧里没有书，就好像鸟儿没有翅膀。"书是知识的源泉，是开发孩子智力的金钥匙。阅读能使人终身受益，也是人们的一种生活乐趣。做父母的也不能过于看重阅读的教育功能而忽视阅读带给孩子的乐趣。要让孩子选择自己喜欢的书进行阅读，不要阻止孩子的乐趣。其实童话、小说、散文、科幻、探险、历史，只要是健康有益的，只要是孩子喜欢的，都可以让孩子选来读。不要认为这些都是课外书，会影响孩子的学习。

爸爸妈妈要想培养孩子的阅读兴趣，就要让书做孩子的朋友，以下方法可供参考：

1. 培养孩子的读书兴趣，要从小开始。有些父母认为，孩子太小，理解能力太低，给他们念书也是浪费时间。这种想法是不对的：刚出生的小孩在听到父母念书时，他们的语言和理解能力也能得到发展。研究表明，从小就接触阅读的孩子能在学龄前就具备独立阅读的能力，而不接触阅读的孩子就不具备这种能力。

2. 让每个家庭成员都为孩子读书。儿童对家里别的成员读书也会很大的兴趣。现在，很多父母工作都很繁忙，家务事也多，给孩子读书的时间就会很少。所以，就要调动家庭中的每一个人为你的孩子读书。

3. 让图书随时随处可读。专家指出，如果孩子一出生就在一个充满书籍的环境中生长，那么这个孩子的兴趣和阅读能力都会提前得到发展。父母可以在房间中放置大量的书籍，如儿童画报、童话传说等。让孩子觉得身处图书馆一样，在潜移默化中就能让孩子爱上读书。当然在培养孩子阅读兴趣的同时，也要注意培养孩子爱护书籍、看完书后放回原处的良好习惯。

4. 选择好书，才能做到开卷有益。研究表明，不同年龄的孩子对阅读的兴趣也不同，要让孩子接受和年龄相适宜的图书，年龄越大，兴趣越广。所以父母可以让孩子多接触不同方面的读物，如报纸、杂志乃至街头标语广告、商品包装等。通过这些文字读物，孩子就会懂得：在生活的每一方面语言文字都起着非常重要的作用。

5. 让读书和实际结合起来，才能生动有趣。为了激发孩子的阅读兴趣，就要让读书变得生动有趣。在给孩子读一本新书之前，可以让孩子先看一下封面，了解一下书的内容，并让他们去猜想这本书将要讲述一个什么样的故事等，然后再和孩子一起读，让他们了解书中图画和人物。读完一本书后，还要问他们：“这个故事中，你最喜欢什么？你认为或者希望以后的故事该如何发展？”这样，让孩子边读书边思考，会给阅读带来很大的乐趣。

6．和孩子一起读书。有的父母认为，孩子已经有了独立阅读的能力，就没必要和他一起读书了，这种观点是不对的。因为大部分儿童在12岁以前，倾听理解能力要比阅读理解能力强，所以，父母为他们念书比他们独立阅读收益更大。

了解了培养孩子阅读兴趣的方法之后，就要认真考虑如何帮孩子选择好的图书了。对此，专家有以下几点建议：

1．孩子在三岁以前会对一些简单的图片或他们所熟悉的食物感兴趣，形体和色彩对孩子具有强烈的吸引力。父母在给孩子选择书籍的时候就要选择这方面的图书。

2．3～6岁的学龄前的儿童对配有彩色图画的小故事、科幻故事、诗歌以及有关动物或日常生活方面的童话感兴趣。可以让孩子读一些短小、生动、易背诵的诗句，这对孩子的智力发育和成长都有好处。

3．6～9岁的孩子开始对书籍有自己的兴趣和偏好，父母可以尽量让他们自己去选择。当然，这一时期还是离不开父母的引导。9岁以上的儿童，喜欢一些幽默小品、民间故事、长诗、古典名著简写本、侦探故事等。

除了读书，父母还应该为孩子提供延伸阅读的机会，可以带孩子多看画展、户外雕塑等，让孩子多亲近大自然，引导孩子用自己的眼光欣赏美好的世界，发挥自由的想象，更进一步体会阅读的乐趣。

054 让爱画画的孩子尽情地画

孩子在一岁半左右就开始喜欢拿着笔到处乱画了，这是孩子绘画的起步。当然，这时的孩子并不懂得怎样去画、怎样去表现。他们只是拿着笔到处乱画，只把它当做一个平常的游戏。这就是孩子的“涂鸦”阶段。

在这一阶段，父母可以在旁边鼓励孩子——“宝宝很能干”，“宝宝画得好”等，不要对孩子干预太多，要求过高。因为这一时期的孩子的手还不能有意识地控制，不能达到父母的种种要求。这样，经历多次的“失败”以后，孩子可能就会对画画失去兴趣，慢慢感到失望，不愿意再拿起笔画画了。

父母应该做的是让孩子自由自在地涂画一段时期——等孩子年龄长大一些之后，小手的肌肉发达些了，能够有意识地控制自己了，而且他心里也有了某种表达的欲望。这时，再根据孩子的特点和意愿，把他从盲目地“画”着玩，诱导到绘画活动中来，教他画自己喜爱、感兴趣的东西。

下面介绍一些具体的培养孩子画画兴趣的方法：

1. 把游戏融入绘画。每个孩子都爱游戏，这是孩子的天性。要想培养孩子的画画兴趣，就要把绘画与游戏结合起来，这样会收到很好的效果。在孩子很小的时候，父母就可以与他一起进行一些简单的美术游戏，如填色游戏、添画游戏、撕纸游戏、七巧板游戏等，让孩子在涂涂画画、拼拼摆摆中自然而然地对绘画产生兴趣。

随着孩子年龄的增大，孩子的绘画能力也会提高，这时父母可以把绘画和其他活动巧妙结合。比如在带孩子参观动物园时，出发之前就可以告诉他参观回来后，要画一张自己喜欢的动物画。这样就可以增加孩子绘画的趣味性，同时还能培养孩子的观察能力，另外让孩子根据自己的记忆画画，还能训练孩子的想象力、记忆力，这些都是学画画必备的重要能力。

2．要及时给予赞赏和鼓励。每个人都希望获得别人的赞赏和鼓励，孩子更是如此。所以，父母的赞赏和鼓励对提高孩子画画的兴趣会起到很大的作用。当然，赞赏和鼓励不是随便给的，要注意适当和具体，不能敷衍了事。如有的父母老是重复着说："你的画有进步"、"你的画真漂亮"等，这样的不恰当、不具体的赞赏和鼓励，会引起孩子的反感，甚至让孩子讨厌画画。鼓励和赞赏的时候，可以说的具体一点，比如可以夸孩子色彩做得很好，线条描绘的很形象等。

3．适当变换绘画的方法和形式。好奇和爱新鲜是孩子的天性，如果让孩子一直重复同一个游戏，画同样形式和内容的画，就会让孩子感到厌烦，对画画就提不起兴趣。因此，对于绘画的形式和内容，父母要适时地变更，以保持和发展孩子的兴趣。

比如说，可以适时改变孩子绘画的地点和位置，这样让孩子有新鲜感，就会对绘画产生新的兴趣。如果孩子经常在家里或教室里作画，那父母就可以经常带他去户外去写生或者到其他小朋友家里和小朋友一起画画，也可以把大张纸贴在墙上，让他站着创作“壁画”。

另外，还要适时变化绘画的形式，这样也会让孩子感到新奇有趣。例如，给孩子提供布头、树叶、（植物的）种子，让孩子学习艺术拼贴；带孩子去沙滩堆沙，创作沙滩想象艺术；给孩子提供水果、面包，让孩子学习制作食物拼盘造型等。

4．让孩子根据自己的喜好画画。每个人都有自己的感情倾向，孩子对人、对事、对物也是这样，绘画也不例外。对自己喜欢的东西孩子就会感兴趣，就能认真地画；如果不喜欢，他就会马虎了事或消极怠工，父母一定不要强迫孩子画自己不喜欢的形象。

5．画画时间要适宜。由于年龄关系，孩子的身体耐力都不强，注意力也不能长时间集中，3～4岁的孩子一般只能坚持20至30分钟左右。父母最好不要随意延长孩子的画画时间，随意延长不但孩子的身体承受不了，而且注意力也不能集中，画画的效果也会受到影响，甚至会降低孩子对绘画的兴趣。

爱因斯坦曾经说过：“兴趣是学习的动力，是最好的老师。”如果孩子失去兴趣，那么学习的动力也随之失去了。所以，父母要对孩子画画的时间严格把握，不能随意延长，只有让孩子养成习惯，才能长久的保持画画的兴趣。

上面介绍的这些方法，对培养孩子的绘画兴趣是有帮助的。但并不是每个孩子都适用这些经验和方法的，要根绝孩子的个性、气质智力水平灵活对待。父母要有针对性地设计和选择合适的方法，正确引导和培养孩子绘画的兴趣，达到良性互动的效果。

055 用音乐提升孩子的气质

雨果曾说过："音乐、文学、数学是开启人类智慧的三把钥匙。"

让孩子学音乐会对孩子的发展有利，具体有哪些好处呢？

1．开发孩子的智力。多动手可以增强孩子的能力，促进孩子的学习能力。让孩子学习钢琴，可以锻炼孩子眼、手、心一体的能力，还能促进左右手的协调配合，能够充分开发孩子的智力，让孩子大脑发育更为完善。

2．有助于培养自控能力。现在的孩子都很聪明，智商很高，但是普遍缺乏自控能力，贪玩。孩子做事的时候总会坚持一会儿就会厌烦，要想让孩子锻炼专心做某事的能力。最好的办法就是让孩子练习弹琴或者画画。不要让孩子把时间都浪费到电脑游戏、电视游戏中，让孩子多学弹琴或者画画，对增强孩子的自控能力很有帮助。

3．能够提高个人修养。钢琴被称为乐器之王，许多交响乐都能够改编成钢琴谱，所以让孩子学习钢琴是提高孩子个人修养的良好选择。

4．增加一门手艺。人们都说艺多不压身，让孩子多学一门技能，对今后的人生发展都是有好处的。但是切记学艺术不一定都要求孩子成名成家。

5. 能够为生活增添乐趣。有人说让孩子学音乐太辛苦了，其实这只是刚开始的时候孩子被逼着学才会辛苦。但是学了之后，如果孩子有什么烦恼，还可以把音乐作为一个发泄渠道，能使孩子更能控制住自己的情绪，也更冷静，更理智。

6. 能够完善审美欣赏能力。学过音乐的孩子和没有学过音乐的孩子会有很大的差别。学过音乐的孩子会有更好艺术鉴赏能力。在学习音乐的过程中，孩子可以看到一个与他所处的世界完全不一样的带有古典美和浪漫美的世界。

7. 能够增长见识。你认为只有让孩子出门才能增长孩子对世界的认识吗？其实并非如此，学习艺术，学习音乐同样可以给孩子的世界打开一扇五彩缤纷的窗。

8. 培养孩子哲学思辨的能力。不要认为音乐和哲学没有关系。当一个孩子学会有选择性地欣赏音乐的时候，这个孩子的审美观就已经不同了。如果一个孩子在艺术上一直接受一种单一的，速食化的教育，这个孩子必然浮躁，肤浅。音乐既可以培养孩子的审美力，还能培养孩子正确的选择和欣赏能力。这对孩子的世界观的建立是极其有帮助的。

9. 提高孩子的应变能力。现在很多孩子，只会学习却不会灵活运用，考试成绩每次都很好，可是在大众面前就会说话吞吞吐吐，站没站相坐没坐相，这样的孩子，肯定没有人会喜欢。这时候父母就要让孩子至少学习一门艺术，培养孩子在大众面前表演的能力，以提高其兴趣。每个孩子都有表现的欲望，只是表现的方式不同。学习音乐又起能增强孩子大气的感觉。

了解了孩子学习音乐的好处之后，父母就要想一想如何提高孩子的音乐素养了：

方法一：正确引导，选择适合孩子的乐器。

孩子在小的时候学东西，总是免不了三分钟热度，要让孩子有信心学下去，就要给孩子选对乐器，这是很关键的。在选择乐器时，儿童音乐教育专家给出了以下几点建议：

1. 孩子在3岁之前肺活量都是很小的，不适合学习吹奏的乐器，最好不要选择管乐器。

2. 孩子可以在4～5岁的时候开始学钢琴、电子琴、手风琴等键盘乐器，像小提琴、古筝等之类的弦乐器，应该在五岁半之后学。一般来说，孩子学一年键盘乐器之后，基本掌握了音准和节奏感后，再转学弦乐器会更好。

父母在了解了以上两点建议之后，还要知道帮孩子选择乐器还要尊重孩子的兴趣。孩子的学习动机主要来源于兴趣，这一规律是不能违背的，不能把自己的意志强加给孩子，不管孩子是否愿意，强迫他进行学习是很难取得成效的。这样做不仅不利于学习，还会让孩子产生厌倦感，不想学习任何乐器。

有这样一个案例：

在欣仪很小的时候，爸爸就想让他学习一门乐器。于是，在日常生活中爸爸就开始对小欣仪进行引导："你看，电视上那个小姐姐好棒啊，她可以弹电子琴的！你看她的手像是在键盘上跳舞。"

“那个拉大提琴的小哥哥，竟然能奏出这么美妙的乐曲，真是太神奇了。”

……

此外，爸爸一有时间就会带欣仪去各艺术学校、乐器行走走，让孩子看看各种乐器，听一听、摸一摸、试一试……很快，小欣仪就迷上了电子琴演奏。有了兴趣，以后学习也有了激情、有了动力。

因此，帮孩子选择乐器的正确方法应当是：父母引导为主，让孩子自己决定。

方法二：延迟满足，让孩子懂得珍视学习的机会

我们常听到父母如此抱怨说：“刚给孩子买了小提琴，还没拉几天他就嫌太累要放弃了。后来，又说要学钢琴，我也很快给他买了，可还没学几天他又要放弃，这样的孩子如何才好啊！”

其实，这些父母的困扰都是太容易让孩子满足，没有做到延迟满足，来得太容易的东西都是不知道珍惜的。

看到别的小朋友有钢琴，他也想要，于是整天缠着妈妈说这件事。如果是聪明的妈妈，就不会立即满足孩子的要求，不能让孩子成为要风得风、要雨得雨的“小皇帝”。

在确认了孩子对学习钢琴的确有兴趣后，妈妈要认真地告诉他：“钢琴很贵，要用掉好多好多的钱，妈妈需要先认真地工作一段时间，攒够钱后才能买给你，你得等一等。”

过了一段时间之后，孩子对妈妈的话还是一直记忆犹新，当他再次向妈妈提到这件事时，妈妈故意面露难色，十分抱歉

地对他说："对不起，钢琴实在是太贵了，你能不能再等一等呢?"孩子虽然会有点儿失望，但还是会应妈妈的请求的。

再过一段时间后，妈妈履行对孩子的诺言，在拿出三万元钱买钢琴的时候，故意把钱都换成10元的面额，然后将一大堆钱带回家摆在孩子面前，让他明白买一台钢琴要花很多很多的钱。当孩子看到面前的这么多钱，会惊讶得张大嘴。就这样，孩子看到了妈妈的苦心，理解了一架钢琴的价值。在以后的日子里，他很爱惜钢琴，并且也很认真地学习钢琴。

实践证明，孩子越是轻易实现的心愿她越不会珍惜。因此，希望培养孩子音乐才能的父母，一定要学会延迟满足孩子对乐器的购买要求。

056 让孩子成为舞蹈精灵

舞蹈是从劳动中来的，是和文学、音乐相伴而生，是人类历史上最早产生的艺术形式之一。

舞蹈作为一种教育手段，不仅可以培养孩子健美的身体姿态，动作的协调、灵活，让孩子得动作富有节奏感、表现力，而且还可以丰富、抒发、表达情感，起到良好的健身、健心作用。

舞蹈对人起到潜移默化的作用，能够让人拥有良好的心态，良好的身体素质，还能帮助人们抒发感情，提高人的思想道德素质，逐渐被越来越多的人所认识。

学习舞蹈能够促进在音乐、动作、节奏感等多方面的发展；协调孩子的走、跑、跳基本动作，对促进动作的美感有着重要的作用；增强少儿学习、感受音乐和舞蹈的兴趣，提高对音乐和舞蹈的想象和表现能力。

学习舞蹈的时候还能使孩子的情绪体验得到丰富，能使孩子变得活泼开朗。因此让孩子学习舞蹈是有很多好处的，它可以塑造美丽，增添魅力，锻炼体力，磨炼毅力，丰富想象力，舞出孩子的气质。

具体来讲，孩子学习舞蹈的好处有以下几个方面：

1．练出优美的形体。孩子的生长发育都非常迅速，经过舞蹈训练（如挺胸、抬头、收腹）能使他们站得直，形体优美，对纠正驼背、端肩等形体问题很有帮助。舞蹈还能促进孩子的生长发育。据统计调查，同样性别同年龄的儿童，就学习舞蹈的孩子比不学舞蹈的孩子身高平均要高4～8厘米。

2．动作协调。跳舞需要身体各部位互相配合，根据音乐节奏跳舞可以使孩子动作协调，还能增强孩子的节奏感。

3．锻炼肢体灵活性、柔韧性。跳舞要经常练习压脚、劈叉、下腰等，孩子的动作灵活性、柔韧性就会很好。另外还能使孩子的身体素质得到提高。经过训练，儿童的力量、控制、稳定性、耐力等方面的身体素质都会得到提高。

4．锻炼孩子的毅力。跳舞是相对比较苦累的事情，基本功的训练能够培养孩子不怕吃苦的精神，磨炼孩子的意志。

5．提高身体素质。跳舞会消耗比较多的体力，坚持练习后对孩子的食欲、消化机能都能够增强，还能提高身体的抵抗力，减少孩子生病的机会。另外孩子的神经系统和技能也会发生适应性的改善，还能促进视觉、听觉、肢体感觉等各感觉机能的提高，使大脑更灵活、健全，反应更迅速，动作更灵敏。跳舞的人心肺功能都会比较好，能够较少心脏病的发病危险，降低血压和增加骨骼密度，人的精力和体力也会更加充沛，不易感到疲劳。

6．提高孩子的合作能力，增强集体荣益感。舞蹈有独舞、双人舞、集体舞，多人一块表演时需要很好的默契，由此可以训练孩子们的合作精神，让孩子自觉遵守规则、纪律，培养了协作的观念。

7. 培养审美情感。跳舞是要求音乐、动作、表情、姿态共同协调，来表现内心世界，可以使孩子在潜移默中接受到艺术表演的熏陶，使孩子们热爱生活，并能欣赏美、体验美。

8. 培养孩子的自信心。舞蹈演出能培养孩子当众表演的能力，锻炼孩子的胆识，使孩子们不怯场，增强孩子的表现力，使自信心和心理素质的到提高。

9. 培养孩子的想象力。舞蹈是通过形体、动作、眼神来表现的，在跳舞的过程中能激发孩子的想象力、创造力，尤其是自编自演的作品，能促进孩子智力发展。

057 用书法熏陶孩子的心灵

书法可以提高人的审美力，还能使人的综合艺术素养得到提高，培养孩子的书法特长及爱好；如果让孩子从小就受到良好的书法教育，不仅可以提高孩子的书法素养和艺术修养，还可以培养孩子严谨而踏实的学习态度、自觉刻苦的学习能力等。

具体来说，孩子学习书法的好处主要体现在以下几个方面：

1. 提高个人修养与文化素质。学习书法不仅可以提高孩子的审美能力和综合文化艺术素养，还可以增强孩子的自信心。从小接受书法的孩子会有一种别人不具备的气质，对孩子的性格和思想情操的培养都大有好处。

2. 促进生理心理的健康发展。学习书法能够激发孩子的求知欲，对书写过程的思考与领悟，对字帖的观察与分析，对书法习作的评价与反思，将有助于儿童思维能力的全面提高。书写毛笔字可以促进孩子心理健康的发展，运用毛笔进行书写，是一种操作过程。在这种操作过程中，可以促进孩子手脑的配合，让孩子逐步学会合乎逻辑的积极思考，促进孩子生理心理的健康发展。

3. 培养孩子的耐力和自信心。有些父母反映说自己的孩子从小就很调皮，像患了多动症一样，一刻都停不下来，对学习文化知识很不利。专家建议可以让这样的孩子学习书法，能使孩子提高专注力，因为学习书法需要脑、眼、手全身心的投入，使学生养成专心致志学习习惯。

4．开发智力，培养协调性。书法的练习是一种生动的动态系统，要想写好字就要始终要求专注，需要大脑时刻指挥手和眼睛，配合完成任务，能够协调双手和全身肢体的配合。使大脑的左右半球的技能获得同时发展并增进互相协调能力。无数事例证实，学习过书法的孩子，理解能力和接受能力还有想象力和创造性思维等都显著高于一般孩子。

5．提高孩子的整体能力。两个学历、经历都相同的人，从事同样的工作，其中一位练过书法，另一位没有练过书法。这两个人在思考和处理事物方面都有不同。练过书法的人有很宽广的视野，缜密的逻辑，能从不同的角度看到问题，能够取得更大的成功，而没有练过书法的人就很难做到这些。我们可以观察一下周围学习书法的中小学生，书法学得好的孩子往往学习成绩也会很好，其他方面也会很优秀。

第十章 做了不起的『万人迷』——用心培养孩子的人际交往能力

只有善于倾听他人意见的人才能与别人关系融洽。倾听本身就是认同对方谈话的一种方式，能耐心倾听对方的谈话，就等于告诉对方“你是一个值得我倾听你讲话的人”。学会了如何倾听，你甚至能从谈吐笨拙的人那里得到收益。

学会倾听，孩子才能更好地与人交流。

058 鼓励孩子避免“伙伴危机”

一位母亲曾这样描述自己的孩子：以前的时候，孩子活泼、开朗，有很多的朋友。可是最近一年孩子却忽然转变了，变得沉默寡言，每天放学回家，就把自己关到房间，待几个小时都不出声，周末也是“足不出户”，也不跟人交流，问他干什么，孩子只说是做作业，然后就是玩拼图；如果有同龄的小朋友来，他也不跟人家玩。妈妈怀疑自己的孩子是不是有了心理疾病。

心理医生认为，孩子生性是喜欢与同龄人相处的，但当与同龄人玩耍的要求长期得不到满足时，孩子就变得喜欢独处，他们可能会与宠物说话，也可能对着镜子自言自语，这种现象告诉家长，“伙伴危机”逼近了孩子，家长要开始警觉了。

现在的孩子很多都是独生子女，缺少玩伴是不争的事实。长期的独处，让孩子忘记了什么叫孤独感，相反，他们陷入自己的小世界中，开始害怕与人接触。随着与人接触的机会越来越少，孩子的交际能力也越来越差，不懂得谦让，这对孩子健全性格的形成都是不利的。

出现“伙伴危机”的原因是什么呢？专家总结了两个方面：一是因为绝大多数的孩子出自独生子女家庭，爸爸妈妈平时工作也很忙，孩子放学后只能自己一人做作业。出于安全考虑，在孩子做完作业后，家长也不愿意让孩子出门玩耍，孩子就少了与同龄人玩耍的机会，所以只能用看电视、看书、玩玩具来打发时间，孩子根本没有伙伴可言；二是大的环境影响所致。调查研究表明：目前城市居民独门独户率高达53.99%，每家进门后都会把门关得紧紧的，人际交往减少了，有些人邻居好多年也不认识彼此，更谈不上上门走访了。这样冷漠的邻里关系，对孩子产生了不良的影响，让孩子在交往中显得十分被动。孩子情感上得不到交流，就无法与他人分享快乐、悲伤，就不能体验到交往的愉悦，这样就使孩子的“伙伴危机”越来越严重。

要想避免孩子产生“伙伴危机”，家长应该正确引导孩子：

1. 给孩子创造“抛头露脸”的机会家长要鼓励孩子多与人接触，当家里来客人时，不能嫌孩子碍事而不让出来，而应让孩子走出房门，主动和客人打招呼，在一旁学习人与人之间的相处之道。家长也可以经常带孩子出去游玩，让孩子有机会与陌生人接触，还可以让孩子学着去购买小物品，锻炼孩子与人交往的能力。

2. 接纳孩子的伙伴。每个孩子都渴望伙伴，对孩子的伙伴家长应该抱欢迎的态度，要鼓励孩子经常带小伙伴回家做客，不必太在意孩子们在一起时过于吵闹。给孩子一些自己的空间，让他们在一起说说悄悄话，一些小秘密。

3. 家长为孩子做好榜样。家长应给孩子创造一个宽松的民主家庭氛围，让孩子与家长拥有平等的地位。这样的家庭环境可以让孩子自主尽情地表达自己的想法。家中的大事小事不妨也让孩子参与进来，征求孩子的意见，让孩子体会到自己在家中也是很有分量的。另外，在人际交往方面，家长也要表现出主动的姿态，主动与邻里接触、和善待人，家长的热情才能让孩子在潜移默化中形成与人交往的性格。

4．实行家长结盟策略。为了孩子的健康成长，家长不妨实行结盟。比如住在一个小区里、有着同龄孩子的家长（同事、好友也可）联合起来，在孩子放学后或者假期时候，让孩子们集中在某一家一起学习、玩耍，平时没事就多串串门，给孩子营造一个大家庭的环境，让孩子感受到兄弟姐妹的友谊，有了伙伴的孩子在成长的路上会走得更加稳健。

怎样鼓励和帮助孩子交友呢？专家提出了以下几点具体建议：

1．让孩子学会主动与人打招呼。一般来说，主动和人打招呼能让人觉得有亲切感，使人产生亲近感。每个人都喜欢和积极主动的人交往，所以积极主动的人往往会有更多的朋友。因此，见面时主动打招呼、向他人问好，是孩子应该从小就应该学习的好习惯。

2．多接触小伙伴。教育专家们认为，很多父母都会犯这样一个相同的错误，就是总认为孩子会自然而然地找到自己的朋友。心理学家指出：“一个孩子只有经常和朋友们在一起，才能增进友谊。因此，父母要为孩子交友牵线搭桥。”所以父母要纠正自己的错误观点，给孩子创造机会，让他多和小伙伴接触，才能帮助孩子与伙伴培养友谊。

3．给孩子足够的选择余地。孩子也需要自己的空间，需要有自己选择的权利，家长在指导孩子的同时，要让孩子自己决定一些事情。比如，父母常常为孩子的穿着和发型烦心，但专家们说，只要不出格，最好让孩子们自己去体验。

父母还怕孩子交友不慎，总希望在孩子交朋友的时候自己先把把关，这种想法也是不对的。除非孩子遇到危险，最好是让孩子自己分辨哪种友谊值得，哪种友谊不值得。

4. 尊重孩子间的差异。每个孩子都有不同，他们的需求也会不同，父母要明白这一点，不能要求孩子完全一致。比如，并不是每个孩子都需要很多朋友。孩子交朋友交的不是数量，而是质量。对有些孩子来说，一两个很好的朋友就足够了。

5. 培养广泛的兴趣，增强孩子的自信心。如果你不会跳舞，你就不会被邀去参加舞会，如果你不会游泳，你就不会被邀去游泳。孩子只有在某些方面有了特长，才能有自信心，才能为他们结识新朋友提供机会。心理学家托马斯?伯恩特说："友谊建立在共同兴趣的基础上。如果你的孩子朋友不多，那么就培养他们的广泛兴趣。这样，在参加共同的活动中可以建立朋友之间的友谊。"所以父母要帮助孩子在参加的各种活动中发现自己的兴趣。

6. 家庭的气氛、家庭成员之间的关系在很大程度上会影响孩子性格的形成。一个充满了敌意甚至暴力的家庭，是绝对不可能培养出快乐的孩子的！我们应该让孩子在充满爱的环境里成长。

059 告诉孩子懂得倾听是人际交往的重要因素

只有善于倾听他人意见的人才能与别人关系融洽。倾听本身就是认同对方谈话的一种方式，能耐心倾听对方的谈话，就等于告诉对方“你是一个值得我倾听你讲话的人”。学会了如何倾听，你甚至能从谈吐笨拙的人那里得到收益。

因此，孩子必须具备倾听他人的心声的美德。学会倾听，孩子才能更好地与人交流。倾听他人既是听别人诉说的过程，也是一个学习的过程。只有认真倾听别人讲话，孩子才能从别人的言语中学习和发现一些自己不知道的知识，以及为人处世的态度与原则。

在现实生活中，很多孩子都有很好的口才，都很善于表达自己，但是却不会倾听他人，与人交往时无法体现出真诚，甚至不愿意倾听他人的建议和忠告。事实上，每一位父母都应该培养孩子倾听他人的习惯，因为学会倾听可使孩子终身受益。

日常生活中，父母要做到以下几个方面：

1. 父母首先要善于倾听孩子的心声。经常有父母这样感叹：“孩子有什么话总不肯跟我说，我说的话孩子也不愿意听，拿孩子一点办法都没有，真是无法沟通。”事实上，只有父母先做到认真倾听孩子的谈话，孩子才会觉得受到父母的重视，孩子才不会把自己的想法藏起来。

倾听孩子的心声既是了解孩子心灵的有效途径，也是培养孩子倾听他人的重要方法。在孩子向父母提出问题时，父母要认真倾听，千万不要跟孩子说“等我有时间再说吧！”这样会使孩子诉说的欲望被遏制。立即倾听孩子说话，有助于赢得孩子的信任，更有助于培养孩子与人交往、倾听他人的好习惯。

另外，除了对孩子的诉说不推迟之外，父母在倾听孩子说话时姿态一定要端正，千万不要一副表面好像在倾听，实际上千方百计想出一些理由来反驳他。父母是孩子最好的榜样，要想让孩子成为一个善于倾听的人，父母首先要做到自己学会倾听。

2. 在游戏的过程中培养孩子的倾听能力。认真倾听是孩子的一种重要能力，这种能力需要父母在日常生活中有意识地去培养孩子。有些孩子在听别人讲话时，往往会表现出心不在焉、左顾右盼的样子。有时会边听边处理他事，或摆弄东西，或不时走动。这样很容易使讲话人的自尊心受到伤害，不仅不能收到较好的效果，还会影响孩子之间的友谊。

父母要教育孩子当别人有愉快的事情要和他分享时，孩子要认真体会那种快乐；在别人痛苦、失落的时候，要与他分担痛苦和失落。只有用心与人交往，才能赢得他人的好感和信任。有些家长对孩子太宠溺，会造成孩子在大人说话时随便插嘴，不能认真听别人说话，家长千万不能让这种坏习惯在孩子身上养成。

孩子是一个独立的人，也是一个与大人平等的人，千万不能让孩子养成以自我为中心的不良习惯。要想让孩子学会倾听，父母既不能无视孩子的自尊，也不能把孩子当成全家的中心。应该让孩子懂得在听别人讲话时，要尊重他人。别人讲话时，自己最好自然地坐着或者站着，眼睛看着说话的人，不要随便插嘴，不能随便打断别人。安静地听别人把话说完，是对说话人的尊重。

3．让孩子学会提问。倾听他人，就要给予他人更多的说话时间。学会用正确的方式提问，才能给别人留出更多的讲话时间。在与陌生的人交谈的时候，很多时候都是通过提问的方式进行的，但是怎样提问却是有讲究的。

比如，有些孩子见到新人时会这样问：你是从外地转学来的吧？你现在住在哪里呢？我们两个交朋友好吗？你以前学习成绩好吗？你喜不喜欢我们的班级？你爸爸妈妈是做什么的？你有兄弟姐妹吗？这种提问方式不太好，打破砂锅问到底往往会给对方压抑感。

孩子应该换一种提问方式，把回答改成开放式的，要学会引导他人畅所欲言。比如，孩子可以这样说：你是从什么地方转学过来的，你们那里是什么样的，有没有好玩的地方，你到这里以后有什么想法吗？可不可以请你谈谈你来这里后的所见所闻？这样，回答者就可以将很多提问者所不知道的事情。这种提问方式无疑是巧妙的。当然，父母应该教导孩子，在提问的时候尽量避免涉及对方隐私和敏感的话题。

4．父母要调整说话的细节。有些父母在跟孩子交流时，总会不自觉地把自己摆在父母的位置，总觉得自己很有权威，喜欢对孩子下命令。这样的父母就需要调整一下自己的心态，要与孩子平等地交流，平等地对话，那样孩子才能用心倾听父母的每一句话。

这样的话语最好不要出现："我说的话你怎么不认真听呀，你这孩子怎么老是心不在焉。"应该多用这样的语气："妈妈有件重要的事情要跟你说，你要认真听，我讲完后还得让你帮我办个事。"不要说："我刚说完你就忘记了，是不是不想听呀？"而要说："今天是不是情绪状态不太好，要不要我再重复一遍，你再认真地听一下？"只有调整好自己的心态，才能与孩子好好交流，调整了说话的细节，孩子就有可能认真倾听父母说话，也才能学会认真倾听他人说话。

060 教孩子正确处理与同伴的矛盾

父母经常会遇到这样的情况:孩子上幼儿园或者小学了，放学回来有时候会给父母告状说：“爸爸，某某今天打我了；妈妈，某某今天抢我的东西了……”有时候也会见到孩子带“伤”回来——脸被挠了几个血道，衣服纽扣也被扯掉了……每个孩子都是父母心中的宝贝，在家总是备受呵护，看到孩子在学校受了气，吃了亏，父母知道该怎么正确对待吗?是该教孩子谦让、包容，还是“以牙还牙”呢?

绝大多数的孩子都是独生子女，在父母眼中，自己的孩子是最好的。不过，孩子总不可能永远生活在父母的呵护之下，孩子总会要进行社会交往的，小孩子在一起玩，偶尔吃点亏也都是正常现象。孩子吃亏有时候是物质上的，如他的玩具被别的小朋友抢走了；有时候是身体上的，比如被别的小朋友打了。父母心疼孩子是当然的，心疼之余，要明白对孩子正确的教育才是最关键的。

父母要明白，在学校里发生打闹、磕碰、争抢玩具的现象是很常见的事情。这都是由孩子的年龄特点和心理因素造成的。

两三岁时，孩子的自我意识都开始萌芽，孩子总是会从

“自我”出发来进行行为选择与判断的，这个特点就决定了在与人交往时不知道如何友好相处，不能正确处理与同伴的关系。这些都是因为年龄小和生活经验少的原因，他们常以自己喜不喜欢、高不高兴作为标准来评判是与非，对别人的感受总是顾及不到。

因为孩子比较“自我”的特点，所以自控能力也不好。看到别人手里有自己喜欢的东西，他们也会同样产生强烈的独占欲。因此，就会出现攻击行为。小孩子语言表达能力还比较弱，和同伴发生矛盾和争执时，不能用适当的语言来说出自己的愿望、解释自己的意图，所以孩子就会出现用武力解决争执的现象，比如抢夺、推人等办法。而懦弱、胆小的孩子则以哭闹、沉默来表示愤怒或反抗。

对于这些常见现象，父母不应该只想到保护自己的孩子，不能在孩子受委屈的时候马上出面强行干涉或让孩子暂时躲开，这样只会让孩子变得不合群，会对外界充满敌意，甚至胆小怕事，交际能力不强；当然，父母也不能在孩子受委屈的时候就教孩子“反击”，告诉孩子“他打你，你也打他！不能让他白打”。这样则会使孩子养成“报复”心理，不管是谁，只要“触犯”了我，都要给予回击。

父母正确的做法是应该先弄明白孩子受委屈的原因，先给孩子以心理安慰，让孩子学会原谅别人。然后再教孩子懂得谦让，让孩子明白很多时候吃亏也是福，打击都是好朋友。

孩子间的摩擦是常有的事，父母不用太过担心。孩子不会因为一次争执就对同伴产生仇恨心理，他们总是今天吵架打架，明天又是好朋友了。孩子之间的矛盾，来得快，去得也快，对孩子来讲，这些吵闹跟游戏一样，也可以让他们懂得不少东西，能促使孩子们慢慢地了解“自我”与“他人”的关系，还能从中学会与人相处、妥善处理问题的方法，有利于克服“自我中心”意识。

061　懂得分享是孩子必备的素质

薇薇3岁了，是个内向文静的小女孩儿，平常很少说话，喜欢一个人玩。有时候社区会举办一些游戏活动，每次参加活动，薇薇就会同时拿很多玩具，或用裙子兜着，或放在自己的周围，从来不让别人碰。她还常常大声“警告”那些想玩她玩具的小朋友，“这些都是我的！你不能拿走”。有时候会有小朋友拿走了她的玩具，她就会追在后面，直到把玩具抢回来……

“独霸”自己喜欢的东西是现在很多孩子的共同特点。当孩子开始认识到“我”、“我的东西”“我要”的时候，他就会很珍惜自己的东西，很少有人能从他手中骗取东西，他会把食物或者玩具紧紧地攥在自己的小手里，眼睛非常警惕地盯着你。当别人忽视他的独占欲时，他就会用号啕大哭来表示抗议，弄得别人不知所措。

要想让孩子改掉这些“独霸”的毛病，父母最好注意以下几点：

1. 不要让孩子独享。父母不要对孩子过分溺爱，不能把所有好吃、好玩的都让给孩子一人享用。正确的方法是，从孩子小时候起就注意培养他把好吃、好玩的东西与大家一起分享。

2. 不搞特殊化。在家中，要做到一定的公平，不要认为孩子小就处处搞特殊化。父母要经常教育孩子，要为别人着想，有好东西应该与大家分享，不能只顾自己不顾他人。

3. 让孩子明白分享才能达到互利。父母要千方百计地使孩子明白，分享不是失去而是互利。分享既能让别人看出自己的关心和帮助，也会得到别人的关心和帮助，大家相互关心、爱护、体贴，才会觉得温暖和快乐。

4. 给孩子实践的机会。如让孩子与其他小朋友共同分享活动的快乐。当家里买了水果、糕点时，要让孩子进行分配，如果分配的合理，父母要及时表扬。

5. 父母要做好榜样作用。父母要做与人分享的榜样，要经常主动地关心和帮助别人，如关心、帮助患病和孤寡老人等。

6. 不矫枉过正。父母要注意分寸，不要勉强孩子把什么东西都与人分享，更不要因孩子拒绝分享自己的东西而惩罚他。

062 教孩子正确地与他人交往

孩子从一出生都有一种积极与人交往的心态，婴儿时期都已经开始渴望与人交流，喜欢有人逗着她玩。从两岁左右，孩子开始有自我意识，开始主动与别人交流，也有了更多与小朋友交往的机会。这时的孩子在交往过程中可能会经常发现周围的情况、规则和自己的想法不协调，孩子的想法通常是以自己为中心，对别人的感受总是考虑的很少，在与小朋友交往的过程中，常常以自己的想法代替别人的想法。在与别人交往时，孩子总是不会用合适的方式，如不知道用“说”的方法，只会用“大喊大叫”的方法，甚至出现一些暴力方法，比如推别人一下，打别人一下。这就需要父母正确的引导，教育孩子用正确的方法与人交往。如果不重视，就会让孩子误认为这些方法可以用来解决问题，可能会导致孩子以后的攻击性行为的发生。

由于父母工作忙，青青从小就跟着姥爷。姥爷对孩子十分宠爱，什么要求都是很容易的满足。通常是不用青青说，姥爷就会问：“青青，你是不是想玩滑梯？我去跟那个小朋友说，让他让给你玩。”还有，姥爷怕青青跟小孩子发生冲突，就经常带他去人少的地方玩。后来青青上幼儿园后就由妈妈照顾了。妈妈照顾他时，就不会像姥爷那样事事包办，青青忽然就感觉很失落，常常会自言自语："他们怎么不跟我玩呢？""他们怎么都不理我呢？"他自己不明白，原来跟姥爷在一起的时候，自己想做什么就可以做什么，怎么一下子就变了。为什么大家都不顺着他了。这让他觉得自己有一种挫败感，脾气也开始变得暴躁起来，经常用打人的方式来解决问题，并把这种方式作为解决与小朋友冲突的主要方式。

青青正是在他人际交往发展初期，姥爷的教导方法不正确，一味地包办使青青丧失了学习与小朋友交往的机会，让他不知道如何与小朋友搞好关系。他也想和小朋友一起玩，小朋友却因为他爱"动手"不想跟他玩，所以才使青青内心的矛盾得不到解决，才会出现"不想上幼儿园"的问题，这也是孩子在逃避与小朋友交往中遇到的困难。

针对上述问题，父母可以注意从下面一些角度考虑如何帮助孩子学到正确的人际交往方式：

1. 为孩子创造与同龄孩子共处的环境。与同龄的小朋友交往是孩子不可缺少的一个交往环节。目前大多数孩子都是由老人带大的，在家庭中受成人的保护和照顾过多，而和同龄孩子的交往却很少。这样孩子就会丧失很多学习交往方法的机会，造成孩子不会与同龄的孩子交往。父母可多带孩子到孩子多的地方去玩，鼓励孩子独自与小朋友玩，或者让邻居家的孩子多到自己家玩，让孩子多一些与的孩子在一起玩的机会，让亲朋好友多带孩子在自己家住几天，给孩子创造一些与同龄小朋友共处的机会。交往多了，孩子通过模仿学习，就能更多地了解怎样与小朋友相处，怎样与小朋友分享，让孩子多了实践的机会，就能促进孩子更好地与人交流。

2. 帮助孩子克服以自我为中心。学龄前儿童都会有“自我中心”的特点，这是孩子发展的共同点。了解孩子的发展特点，才能解决在交往过程中出现的问题。孩子小的时候思考问题总是从自己的角度出发，自己想要的东西，就会认为别人也想要；自己想做的事情，就会认为别人也想做；面对别人的不愿意，孩子就会想不通，可能就会采取强迫别人的方法来满足自己的需要。这时父母就要帮助孩子改变以自我为中心的想法，要让孩子学会站在别人的角度考虑问题，让孩子知道哪些是自己的想法，哪些是别人的想法，要允许别人和自己有不同的想法。自己想做的事，别人可能不想做等。让孩子弄清楚自己和别人是不一样的，让孩子了解每个人都可以有不一样的想法。孩子只有了解自己和别人的区别，克服了“自我中心”，才能在与小朋友的交往中少一些矛盾，多一分和谐。

3. 给孩子做好正确交往的示范。父母经常发现，孩子在和小朋友玩时，遇到冲突经常会大声尖叫、大哭甚至大打出手，这些都是因为孩子还没有学会如何与小朋友正确交往，不懂得交往的方法方式才会这样。父母应该给孩子做出正确的示范，如告诉孩子“与小朋友有矛盾时，要用说的方法与他商量，哭不能解决问题”、“你有问题可以说，但不能尖叫”、“你不想做的事情，要是妈妈偏让你做，你愿意吗”、“推人、打人的方法不能用，要是别人推你、打你，你愿意吗”等。告诉孩子怎样做正确，怎样做不正确。正确的方法要反复强化，才能让孩子在心里将这种方法固化下来，形成正确的解决问题的方法。

063 教孩子正确面对交朋友时遇到的挫折

孩子在与他人交往的过程中，在情感上会遇到一些阻碍和干扰。人人都希望拥有真诚的友谊，孩子更是如此。但是，真诚的友谊需要双方去呵护。有时候会因为外在因素的改变而使朋友之间的友谊变淡；或者一方的心理过于自卑，觉得两人不在同一层次等，都会产生受挫心理。

这种受挫心理会使孩子的情感需要得不到满足，进而出现情绪低落的现象。这是孩子在人际交往中必然会遇到的，如果处理不好，就会影响孩子的学习，对孩子的身心健康发展不利。

孩子交朋友时遇到挫折有时甚至会失去自信心。父母首先要做的就是理解孩子的心情，还要帮孩子稳定情绪。同时，父母还要耐心地询问孩子的一些具体情况，和孩子一起分析原因。

一般来说，孩子交朋友时遇到挫折主要有以下几种原因：

1. 错觉。即可能因为主观原因，也可能因为别人的挑拨、误会等，引起孩子对朋友不满意和怀疑，就会造成这种挫折。

2. 分歧。每个人都有不同的想法，都有自己的思想，当孩子与朋友产生了信仰、观点、行为等各方面的分歧，也会产生挫折心理。

3．利害冲突。孩子之间出现礼仪冲突时，也会影响友谊，从而感到受挫。

4．新的伙伴出现。孩子都希望自己的好朋友只对自己最好，当他再结交另外一些朋友时，孩子就会有一种被冷落的感觉，就会觉得自己的友谊没有对方的重视，进而形成受挫心理。

遇到这种情况，父母就要耐心地帮助孩子分析情况，找出原因，解决问题。

1．如果孩子交朋友时产生的受挫心理仅仅是一种错觉，父母就应该告诉孩子，什么事情都要慢慢来，不要性急，更不要轻易相信自己的主观判断，对问题要好好地分析，看是不是之间存在误会、误解等。如果是，及时消除误会。父母应教育孩子主动与朋友去交谈，消除错觉。只有消除了误会，才能使友谊更加纯洁、深厚。

2．如果孩子之间因为分歧而产生挫败感，父母就应该告诉孩子，每个人在日常生活中都有不同的生活方式，都有自己的思想观点和行为模式，出现分歧是很正常的现象。对待分歧只能求同存异，不应该过分的担忧。如果发现对方的品格有问题，就应该诚心劝说对方，让他改正，那样才能使双方的友谊持久。否则，就可以中止友谊。

3．如果孩子的挫折感是由于利害冲突而造成的，父母应该告诉孩子，每个人之间都有不同的利益关系，发生冲突是在所难免的，利害冲突正好可以检验友谊的真假。要让孩子学会认真思考问题，发生利益冲突时，孩子会得到什么，又会失去什么，两者相比哪个更宝贵。同时，父母应该告诉孩子，很多时候，需要牺牲自己的利益来保持和朋友的纯真友谊，这种友谊才是令人敬佩的。

4．如果孩子的挫折感是由于新的伙伴出现而造成的，父母应该告诉孩子，每个人不仅仅只需要一个朋友，每个人都有结识新朋友的机会。随着生活环境和学习环境的变化，接触的人也会越来越多，朋友也会越来越多，出现新朋友都是很正常的现象。当对方有了新朋友时，自己应该感到高兴，而不应该感到失落，因为自己的朋友扩大了交友的圈子是一件好事。当然，父母还要教育孩子，应该及时调和与朋友之间的友谊，增进交流，彼此理解，这样才能使友谊更加牢固。

064 理性引导孩子与异性交往

很多父母都把孩子和异性之间的交往当做一个十分敏感的话题。心理学研究表明，如果孩子与异性的正常交往受到限制，可能会使异性之间的神秘感被强化，引起孩子早恋现象出现；也可能会使孩子形成“性排斥”心理，对孩子成年后正常男女之间的友谊造成影响。

那么，父母应该怎样引导孩子正确地和异性进行交往呢？

1. 鼓励孩子和异性同学建立广泛的友谊。父母要鼓励孩子与异性同学和朋友建立广泛的友谊，避免孩子与某一个异性形成过于亲密的特殊关系。在日常生活中，父母可以和孩子多交流一些异性交往中应该注意的问题，多听听孩子的想法，告诉孩子如何把握分寸。

一位爸爸思想比较开明，他支持儿子与女孩子交往。但是有一段时间，他发现儿子总是和同一个女孩子在一起，就故意对儿子说：“是不是你人缘不怎么样啊，不然怎么只有一个女同学成为你的好朋友啊？”与此同时，这个爸爸还很自然地告诉儿子，要和所有的女同学都建立起良好的友谊关系。经过爸爸的指点，儿子就再也没有单独与哪一个女孩子在一起了，这样既让孩子懂得了与异性交往的方法，也避免了孩子出现“早恋”的现象。

引导孩子建立与异性的正确交往关系时，父母要珍惜孩子之间的纯真的友谊。孩子与异性交往，父母不要像侦探一样尾随盯梢。

> 李芳是北京某所中学的学生，性格开朗活泼，担任了班级的文娱委员。有一段时间学校搞会演，她和一个男同学合作了一个节目，排练期间在一起的时间就稍多了一点。她的母亲知道后就怀疑她与那男孩子有不正常关系，整天逼她交代，还让她保证不再与那男孩子交往。因此李芳的情绪受到很大的影响，学习成绩也下降了很多。

其实，李芳妈妈的做法就是不对的，对孩子的健康成长非常不利。

2. 交往方式要公开性、集体性。在孩子与异性交往之前，父母就要告诉他，与异性交往时一件正常的事情，不管是在学校还是校外，都要和异性大大方方地交流，不要偷偷摸摸、羞羞答答，“犹抱琵琶半遮面”。和异性交往着事情越“保密”就会越引起别人的好奇，越容易引起误解。父母支持孩子与异性进行正常交往，可以帮助孩子策划一些自发的小组或集体活动，也可让孩子邀请异性同学到家里共同学习或聊天。但是父母要注意提醒孩子，要尽量避免异性朋友“一对一”的密切交往，不要与一个异性同学单独相处过长时间。集体交往可以吸收多个异性的优点，避免陷入与异性交往的羞涩与困窘中，减少很多不必要的烦恼。

3. 交往情感要适度。父母要随时提醒孩子，把握与异性交往的“度”，也就是要有分寸。男孩和女孩之间的交往都是以情感上的相互吸引为基础的，要适度，不能投入过多的感情，不能痴迷于对方。要把对方当好朋友，不要故意疏远，也不能过分亲密，心理和空间都要保持适当的距离，既要热情、亲切、随和、融洽，不拒人于千里之外；又要把握好分寸，不要有过多的身体部位的接触。交往时要做到诚恳待人、热情大方，既不过分夸张，也不闪烁其词；既不盲目冲动，也不矫揉造作，要恰当地表现自己，彼此尊重才能做到交往的落落大方和适度。

4. 让孩子知道交友要有选择性。社会环境复杂多变，孩子在和异性交往时也会遇到形形色色的人和事，孩子需要有分辨力，才能不被表面现象迷惑，那样才能不被一些负面的东西所欺骗和侵蚀。因此，需要父母给孩子做出榜样，要正确对待婚姻家庭，和异性交往的态度要大方；另外，还要对孩子“信息透明”，不要以为孩子看到、听到的都是正面的东西。要引导孩子学会自主地选择，教给孩子自我保护的方法和能力。孩子真正学会了有选择性的交朋友，才能珍视和同性、异性之间的友谊，才能防止孩子沾染各种坏的习气。

5. 防患于未然。孩子能够得到异性同学的认可和欣赏是一件高兴的事，也是父母的骄傲，说明孩子长大了。女生需要男生的自由与豁达，可以让自己不狭隘；男生需要女生的细腻沉静，让自己不致粗俗。对男孩女孩的正常交往，父母不能大惊小怪，要正确看待，男孩女孩的友情并不都会影响学习，而有可能成为学习的动力。但是孩子由于各方面发展都不成熟，家长的积极引导还是必不可少的，要让孩子明白错误的交往会引发的不当的后果。从方方面面引导孩子，避免孩子出现早恋现象。

人的情感是丰富多彩的，友情和亲情都不能互相替代，同性朋友也代替不了异性情感中的那一部分。家长要做个有心人，适时引导孩子正确的与异性交往，促进孩子和异性伙伴形成纯洁的友谊，促进彼此的学业，让他们在互帮互助中，为人生的成功奠定基础。

065 教孩子学会拒绝他人

每个人都有选择自己生活的方式的权利。人要学会与人分享的同时，同时还应该学会拒绝别人，那样才能在人生的道路上越走越稳。不能让孩子轻易承诺自己无法履行的职责，随便承诺只会给自己带来更大的困扰，使孩子和别人沟通造成困难。拒绝别人很多时候都是一件很不容易的事。有些人在拒绝对方时因为觉得不好意思而不敢据实言明，这样会让别人搞不清自己的意思，甚至会产生许多不必要的误会，同时也容易给自己心理造成压力。

大胆地拒绝别人是一件不太容易的事情，做父母的要教会孩子学会拒绝别人，那样才能使孩子受益终生。

1. 帮助孩子正确地把握自己的情绪。要让孩子学会拒绝，必须让孩子学会对人对事有一个理智的判断和认识。拒绝要合情合理，对做不到的、不合理的事情才能做出拒绝。这和孩子在父母面前的感情用事、耍脾气或者无端拒绝父母的合理要求是不相同的。

2. 鼓励孩子独立做事情。当孩子能够独立处理一些生活中的小事情的时候，父母就不要事事为孩子包办，不让孩子有动手的机会。只有给孩子自己做事的机会，才能使孩子从日积月累的亲身体验中积累经验、增长才干，才能有能力对父母或他人的行为做出接受与拒绝的判断。

3．让孩子直接说出拒绝的理由。当孩子不愿意答应别人的时候，父母要教导孩子直接向对方陈述拒绝对方的客观理由，包括自己的状况不允许、条件限制等。通常合情合理的解释都是能得到对方认同的。理解了他的苦衷，才会觉得孩子的拒绝是有道理的，是不会影响到孩子的友谊的。

4．拒绝有时候可以是间接的。开门见山，直截了当式的拒绝，有时候会让人很难堪，很伤人面子。所以有些时候还是间接拒绝比较好。父母要教会孩子学会先承后转的方法，这样可以避免一种正面的伤害，采用间接地主动出击的技巧让对方接受拒绝。就是要先进行诱导，当对方进入角色时，在转换话锋，制造出“意外”的效果，让对方自动放弃过分的要求。

5．让孩子学会用商量的语气拒绝别人。让孩子明白，当对别人的要求做不到时，可以和对方反复“磨嘴皮子”，直到对方认可。比如和小伙伴一起玩，小伙伴忽然很想要自己的玩具，自己又没有玩好的情况下，就不想借出去，这时可以让孩子用商量的语气和同伴说：“我还没有玩儿好，过半小时之后再借你玩儿，好吗?”这样就巧妙地拒绝了对方，避免孩子之间发生冲突。

6．帮助孩子学会做些心理指令。父母要帮助、促使孩子下决心开口，如“我认为应该拒绝她的要求”、“没有关系，解释一下，她一定会理解的”等，这样可以使孩子在拒绝时减少一些心理压力。

7. 教孩子学会推迟别人的请求。如果孩子不想答应别人的请求，父母可以教孩子用一拖再拖的办法，推迟别人的请求，比如说“让我想一想吧，想好了再跟你说”、“我再考虑考虑”等，这都是对别人要求的而委婉拒绝，别人也会从孩子的推迟中，明白他的意图，不至于造成双方的尴尬。

8. 让孩子学会站在别人的立场考虑问题。孩子是最单纯、善良的，当他知道别人因为自己的一句话或者一个举动而不高兴时，他也会很难过。父母所要做的就是给孩子解释清楚，正当的拒绝是不会给别人造成伤害的，要让孩子明白别人的心理感受，不要过分的自责。当体验到了他人的感受时，孩子也能设身处地地想一想，也会学会如何拒绝才能使对方高兴，不伤和气。

9. 教孩子善用语气的转折。告诉孩子，当正面拒绝不太好时，可以采取迂回的战术，转移话题也好，另有理由可以，主要是善于利用语气的转折：首先温和而坚持，其次绝不会答应。比如，当觉得别人的要求做不到是，可以先向对方表示同情，或给予赞美，然后再提出理由，加以拒绝。这样可以让对方先在心理上产生一种被人认同的感觉，那样才会让他站在自己的角度考虑问题，会明白他的要求得不到别人的认同也是正常的，不会造成心理伤害。

10. 教孩子自言自语地说出自己的想法。父母应让孩子知道，每个人都要面子，拒绝的话一般都不好正面说出口，这时可以用自言自语的方式，让对方了解到自己的内心的想法，对方便会知趣而退。

孩子要想在社会中生存，就要学会与他人分享，不能独占。父母除了要教会孩子学会分享之外，还要教会孩子如何平和地、友好地、委婉地、商量地拒绝别人的要求。同时对于别人的拒绝，也要学会如何泰然自若地接受。教孩子学会拒绝，是父母对孩子独立性和自主精神培养的一个方面。

第十一章 让你的孩子口吐珠玑——能说会道的孩子易得机会的青睐

在孩子小的时候，父母就注意把孩子当大人一样来对待，和孩子经常聊天、探讨、争论，孩子拥有的词汇量就越丰富，就越能够更清晰、更多样地表达自己的思想。

066 要提升孩子的语言能力

现代社会，每个年轻的父母都能体会到好口才的重要作用，都希望自己的孩子能有好口才。但如何成功地对孩子进行语言教育，则是摆在很多父母面前最棘手的一个问题。每一位父母都很重视孩子语言的发展，希望通过交流让孩子聪明伶俐。所以家长要多为孩子创造交流的条件和环境，支持孩子说话，是培养孩子口才的有效方法。

研究表明：在孩子小的时候，父母就注意把孩子当大人一样来对待，和孩子经常聊天、探讨、争论，孩子拥有的词汇量就越丰富，就越能够更清晰、更多样地表达自己的思想。

要想培养孩子的语言能力，父母可以在日常生活中做以下事情：

1. 说说说，让孩子不停地说。培养孩子语言能力时，父母不能絮絮叨叨，但是需要把日常生活中发生的事情通过清晰准确、生动形象的表达告诉给孩子。当和孩子在一起时，父母可以不停地和孩子讲话，讲日常生活，讲小故事，讲孩子的成长等，总之，父母可以运用自己的经验和所有感官，帮助孩子增加体验，并且让孩子学会如何描述。

2. 书籍是人类进步的阶梯。在孩子很小的时候就培养他的学习习惯，这对孩子今后的学习习惯将有很大的影响。只要有可能，父母就要尽可能多的和孩子一起读书。可以先从卡片开始，然后慢慢过渡到配有很多插图的彩绘本，再一步步进入到以文字为主的阅读。

3. 一起听歌唱歌。孩子的对歌词的记忆往往比较快，有时候一首歌听上两遍就能把歌词背下来，所以歌曲是孩子们接受和掌握语言的最佳形式。让孩子在听歌的时候自然记住歌词，能够锻炼孩子的语言能力。所以，父母每天可以安排一些时间，和孩子一起听歌、唱歌。唱的过程中，父母可以配合上相应的手势，帮助孩子理解歌词的意思。

4. 讲故事是培养孩子语言能力的好办法。经典的儿童故事，不仅能让孩子学会勇敢、诚实、勤劳和爱，还能让孩子的语言能力得到很好的提升，是孩子学习语言的重要的课堂。有些父母不善言辞，讲故事是教给孩子良好表达方式的捷径之一。不过，讲故事之前父母也要提前做一些准备工作。首先，要挑选精致的译本，无论翻译还是插图，都要有很好的故事内容；其次，在给孩子讲之前，最好自己先看一遍，不要边讲边看，那样会严重破坏孩子的收听兴趣，也会使故事的价值贬值；最后，要学会对故事内容进行改编，要想办法更好地教育孩子。

5. 迎合孩子的兴趣。给孩子安排阅读内容时，要考虑孩子的喜好，不要只根据自己的喜好，让孩子读自己不喜欢的东西。

在日常生活中，父母应该多观察孩子的兴趣点，抓住要点，才能强化效果。如果孩子对赛车感兴趣，可以给他提供更多、更详细的有关赛车的图片和知识。如果喜欢美食，就可以多带他去超市转转，告诉他每种食物的来源、口味和营养。如果孩子在阅读故事书时，对故事的内容不太感兴趣，而是对插图的小昆虫感兴趣，父母就可以跟孩子交流更多的昆虫知识。父母只有做到灵活应对、见机行事，才能更好地培养孩子的语言能力。

6. 不要指责孩子的发音。在孩子学习语言的时候，可能会出现吐字不清晰的现象，也可能出现错误发音的地方。在孩子出错时不要模仿他，更不要嘲笑他，父母要用正确的发音重复一遍孩子的话就可以了。父母要做到正确地自然地引导，让孩子在无意中学会正确的吐字发音。

7. 让孩子有节制地使用电视教育软件。看电视时孩子总能很轻松地把某一个广告字轻松地说出来，对此父母不要太心花怒放，其实这是对孩子强大的语言模仿能力的一种浪费。美国科学会曾经提出一个这样的观点：两岁以内的孩子是不应该看电视的，而两岁以上的孩子每天看电视最好不要超过40分钟，而且要看教学片。因为电视里有太多的不规范语言，而且无论是电视节目还是电脑学习软件，都不能跟孩子做好互动，所以它们对于提高孩子的语言表达能力，具有一定的局限。

8. 保护好孩子的小耳朵。孩子各方面都比较脆弱，也很容易患上和耳朵有关的疾病。尤其是在上了幼儿园之后，接触的孩子比较多，很容易成为交叉感染的受害者。一定要注意保护孩子的听力，拥有好的听力才能保证孩子的语言表达能力不受影响。

9. 多带孩子出去玩。动物园、海洋馆、博物馆都能增长孩子的见识，拓宽孩子的知识面，激发孩子的求知欲。

067 让孩子喜欢说话

现在很多小孩是独生子女，从小娇生惯养，跟人接触少，就很容易形成孤僻的性格。如何让孩子爱说话，是很多父母关心的问题。如果不能很好地引导，掉以轻心，任其发展，不仅会使孩子的语言表达能力受到影响，还容易养成不健康的心理。

当父母发现孩子不爱讲话时，可以试试以下几种方法：

1. 让孩子爱说话，父母就要采取一些相应的方法。在小事上，父母要为孩子做好榜样，形成尊重未成年人、关心未成年人、帮助未成年人的社会氛围，让孩子健康成长。比如，父母要与人主动热情地打招呼，要和人亲切地交谈，使孩子在潜移默化中，通过模仿学会交际语言和交际方法。

2. 让孩子心情愉悦，对孩子的话进行积极反馈。比如当孩子穿上一件新衣服的时候，自然就会喜形于色，对周围的事物也就表现出很高的兴趣，这时候是引导孩子说话的很好的时机。当孩子勇敢地与人说话时，父母及周围的人就应立即给予表扬和鼓励。这样可以让孩子认真倾听，并把父母的教导记在心里。

3. 鼓励孩子多参加社会活动，给孩子创造机会。让孩子尽可能多地和同伴一起参加各种社会活动和游戏，也可以带孩子去亲戚家串门。这样，有助于消除孩子对他人的陌生恐惧心理。多陪孩子去公园逛逛，到商场看看，以增加他们对社会的认识和了解。

这些做法都可以培养孩子的说话的技巧，让孩子爱说话。

068　通过朗诵、演讲练口才

研究证明：每天都进行朗诵的孩子比不参加朗诵的孩子的语言表达能力更突出。

要想通过朗诵演讲培养孩子的口才，有以下几种方法供家长借鉴：

1. 速读法。快速阅读能够使孩子的口齿伶俐，语音标准、吐字清晰。

2. 背诵法。背诵课文，包括诗歌、散文、小说等体裁可以丰富孩子的文学素养，锻炼孩子的口才，让孩子说话流利，善于言谈。

3. 复述法。复述法也就是让孩子学着把别人的话重复一遍。

很多老师在上课的时候经常用到这种方法。比如，讲完一段内容或者让同学们看完一段幻灯片之后，老师会让同学复述所讲内容或者幻灯片的情节或人物语言等。这种训练方法的目的，在于锻炼人的记忆力、反应力和语言的连贯性。

具体的方法是：家长可以选一段合适、有一定情节的文章，可以是小说或者演讲词中叙述性强的一段，然后给孩子朗诵一遍做示范。可以用录音机把它录下来，然后让孩子听一遍复述一遍，反复多次地进行练习，直到能完全把这一段作品复述出来。孩子复述的时候，父母可以帮孩子把内容录下来，然后对比原文，看孩子能复述下多少，重复进行，几遍之后孩子就能完全把内容复述下来了。

这种练习和简单的背诵不同，可以锻炼孩子语言的连贯性。在让孩子复述的时候，可以让全家人当观众，也可以让他在人多的地方去讲，这样还可以锻炼孩子的胆量，克服紧张心理。

4. 模仿法。模仿的过程其实就是一个学习的过程。父母可以让孩子学习成年人说话，向周围的人模仿，向口才方面有专长的人模仿。时间长了，孩子的语言表达能力就能慢慢得到提高了。

5. 描述法。简单地说，描述法也就是把所看到的景、事、物、人用描述性的语言表达出来。父母可以让孩子对书本上的图，还有生活中的一些景、事、物、人等来进行描述，从简单到复杂来让孩子练习，要求越高，成效越高。

6. 讲故事法。孩子不仅喜欢听故事，也很喜欢讲故事。讲故事表面上看起来是一件很容易的事，其实真讲起来并不是一件容易的事。学习讲故事是练口才的一种好方法，父母要引导孩子讲故事，讲得多了，口才也就会慢慢变好。

069　绕口令练就一副伶牙俐齿

绕口令是一种独特的语言艺术，孩子学习绕口令能够促进语言及思维的发展，能够有效地锻炼孩子的口才，强化孩子的记忆力，还能培养孩子的快速反应能力。

绕口令中有很多相近的发音，极易混淆，要想念的既快又好，需要有良好的记忆、清晰地思维、伶俐的口齿，不经过训练是很难做到的。经常教孩子学说绕口令可以大大提高他们的语言表达能力，同时也能使他们的思维更敏捷、灵活和准确。

让孩子学绕口令是有很多好处，但教孩子练习绕口令却不是一件简单的事情，父母一定要注意以下几个方面：

1. 准。练习绕口令的重要要求就是吐字清晰、发音准确。绕口令是一项复杂的语言活动，同音异调、字音相近、叠字重句是绕口令的鲜明特色，稍不注意就会出现差错，因此父母在教孩子学习绕口令的时候一定要做到准确。

说绕口令需要唇、舌、口等器官的整体协调性，嘴唇的形状、舌头的部位、口腔的开闭都有很高的要求。孩子因为年龄关系，唇、舌、口等功能发育尚不完全，说绕口令的时候很容易出现气息不匀、舌硬齿僵、喉咙发紧等一些问题。为此，父母在训练孩子绕口令的时候要注意训练孩子的口腔技巧，根据孩子的实际，对孩子的口、唇、舌、喉等部位进行分类练习，努力促进唇、舌、齿等部位的灵活性。

2. 慢。慢，意思是说不要急，要循序渐进地进行。教孩子说绕口令的时候要节奏适度，要一步步教，不能操之过急。对孩子来说，学说绕口就是锻炼唇舌、练语言、练记忆、练思维，要求孩子说得流利、清晰，能够让人听懂，语速要逐渐加快。不能只单方面求快，只求快会让孩子说话语速过快，讲不清楚，说出口的全是咿咿呀呀的模糊音，这样还会造成孩子的心理压力，使得他们从心底对绕口令产生恐惧，学得不开心，那样就跟初衷相悖了。

在孩子刚学绕口令的时候，一定要慢一些，先要求准，让孩子把每一个字音都念得准确无误，把每一句话都说得清楚连贯，然后再逐渐加快。要想做到这一点，家长可以采用分解的办法教孩子读出节奏感。

3. 勤。勤，就是勤于练习，坚持不懈。绕口令的练习要抓住两个主要环节，一是纠错对练，矫正发音。练习绕口令要讲究方法，不能让孩子长时间独自说练，那样可能会使他们感到有些枯燥。父母最好和孩子一起练习，互相纠正对方的错误，这样既让孩子的吐字发音更为准确清楚，也能激发孩子的兴趣。二是公开演练，增强信心。孩子学习绕口令一段时间后，就特别期望得到别人的赞赏。家长可鼓励孩子在众人面前大胆表演，以激起孩子的好胜心，锻炼他们的胆量，也能增强孩子的自信心，学说绕口令更会精益求精。

070 幽默感增添语言感染力

人们都喜欢和有幽默感的人打交道，幽默可以舒缓紧张气氛，淡化人的消极情绪，消除沮丧与痛苦，更能带给自己和别他人喜悦和希望。那么要想让孩子成为一个具有幽默感的人，父母应该如何努力呢？

首先，要弄明白孩子幽默感的发展与哪些因素有关：

1. 语言认知能力。随着孩子的增长，语言能力也会发展，当发展到某一个程度后，孩子的幽默感才会形成。当孩子听到或看到某件有趣的事时，经过思考，就会禁不住大笑，这便是孩子的幽默感，与大人是有一些不同的。

2. 愉快的学习气氛。孩子成长过程离不开轻松、愉快的学习气氛，那样才能给孩子快乐，才能促进孩子以快乐的心情对待周围的人和食物，对孩子的幽默感的形成才有帮助。

3. 父母的关怀。研究表明，如果孩子从小在父母的照顾下成长，就会比不在父母身边的孩子有较强的幽默感。因此，要使孩子成为一个具有幽默感的人，父母应多给予孩子爱与关怀。

了解了孩子的幽默感发展的因素之后，父母就应该考虑如何培养孩子的幽默感。

1. 培养孩子的幽默感从游戏开始。在孩子眼中，生活和游戏没有什么区别，所以孩子对待任何事情才能无拘无束，这也会引起无数幽默故事。面对这些，大人要用艺术的眼光，将这些幽默定格、提炼并加以夸张或扩大，再在适当的场合加以重现，就可以强化孩子的幽默感，让孩子意识到什么是幽默。游戏，是培养孩子幽默感的最佳方式。

2. 培养孩子的幽默感，家长要给孩子讲一些幽默故事。很多大人都认为，孩子还小，话都还说不清楚，根本不知道什么是幽默感。其实，这是一种偏见。一位妈妈和女儿散步的时候就喜欢给女儿讲一下小笑话，有一次妈妈讲：有一个人不会说普通话，发音也不清楚，他就把“同志们”说成“兔子们”。女儿听到这就哈哈大笑起来。从那以后，她就很注意别人讲话的特点。一次跟妈妈去单位，孩子就听到了别人的讲话。回家之后跟妈妈讲：“妈妈，我给你讲一个笑话。有一个人打电话，他听到别人自我介绍叫什么名字后，他就说唉呀呀，唉呀呀，原来是你呀!”女孩模仿别人说话的语调和神态，把妈妈逗得前仰后合。这孩子就是通过听妈妈的幽默故事而变得幽默起来。

3. 培养孩子的幽默感，还要求父母要勇于承认自己的缺点，允许孩子用幽默的方式表达父母的缺点。一些家长总把自己摆在高高的位置，希望孩子尊重自己，总喜欢在孩子面前努力维护自己的尊严。其实在孩子心目中，幽默和自尊根本不是一回事。父母在接孩子放学回家的路上，总会被问到很多很多的问题。有一次，一个孩子一直问妈妈稀奇古怪的问题，妈妈回答不上来，就一直说“不知道”。女儿坐在自行车的后架上，从后面抱着妈妈的腰，在听到一连串的“不知道”后，就用手拍着妈妈的肚子，笑着说：“妈妈的大肚子里都是‘不知道’。”女儿这样说，不但没有伤害妈妈的自尊，反而提醒了妈妈，为了孩子也要加倍地学习知识。

4. 培养孩子的幽默感，家长要对世界充满爱，对生活充满自信，遇到困难和挫折时要懂得用知识和智慧应对，那样才能培养孩子乐观的生活态度，增进孩子的幽默感。

5. 培养孩子的幽默感，父母要把握好度，防止把幽默变成黑色幽默。要让孩子知道别人的缺点是不能拿来开玩笑的，拿别人的缺点开玩笑并不是幽默，会伤害到他人的感情。当孩子的幽默表达得不恰当时，父母应帮助孩子脱离尴尬境地，积极寻找补救措施，事后告诉孩子应该怎样做更合适，要保护孩子的自尊心。

第十二章 健康的体魄，精彩的人生——好身体让孩子赢在起跑线

很多家长都会觉得自己的孩子识字多、背诗多就是智力高，会加减乘除就是脑子聪明，也有的家长觉得花大量时间和金钱让孩子学钢琴、学美术、学外语就是提高孩子的智力。其实，这都是对智力理解的一种误区。智力不仅包括认知反应的特性，还包括有效地处理问题、快速地适应新环境的能力。让孩子参加体育活动是开发孩子智力最有效的途径之一。

071 不挑食才能拥有健康的身体

人们都知道，挑食和偏食是一种不良的饮食习惯，对孩子的健康成长十分不利。挑食和偏食的孩子不能从食物中获取全面的营养，影响身体健康和智力发育。但是孩子为什么会偏食和挑食呢？有关专家总结了以下几点原因供父母参考：

1．对孩子太过迁就和娇惯。现在的孩子大多数都是独生子女，父母、长辈都会视如珍宝，要什么就给什么，他爱吃什么就给什么，让孩子挑挑拣拣，一切都听孩子的。这种做法无疑就使孩子挑食的毛病愈演愈烈，对孩子的成长不利。

2．父母为孩子做了反面的榜样。有些父母在饭桌上对饭菜挑拣，这种态度会直接影响孩子。例如，吃饭的时候说鱼太腥呀、豆腐淡呀、肉太肥呀等，这种言行使孩子在潜移默化中变得挑食。

3．食谱太单调，不和孩子胃口。有些家长不会做饭，整天只吃一样的饭菜，孩子根本没有机会尝尝其他食物。当他碰到从未吃过的食物时，就会产生偏见而拒绝进食。

挑食对孩子的身体发育十分不利，必须进行纠正。养成好习惯不是一朝一夕的事，要改变孩子的挑食的坏毛病需要时间与耐心，需要家长的帮助和培养，不是简单的命令就能完成的。

要想纠正孩子挑食的不良习惯，家长应该注意以下几个方面：

1. 父母应根据孩子年龄，为孩子选择适当的营养搭配，做到营养均衡。注意孩子的营养，并不是说只给孩子吃营养高的食品，而是要做到饮食不单调，食物的多样化，让孩子适应各种食物。不要因为孩子喜欢吃什么，就天天给他吃。

2. 父母应以身作则，给孩子做好榜样。尽量不要在孩子面前对饭菜论长论短、挑三拣四。

3. 注意烹调的方法，要做到每种食物都色、香、味俱全，软硬适中。因为孩子的消化功能还不是很完善，只有适合孩子消化功能的食物才能引起孩子的食欲。

当孩子拒绝吃某种食物时，家长要先找原因，而不是强迫孩子去吃。是孩子一直不爱吃，还是对这种食物未习惯？或者是烹调方法不当，太咸还是太硬？如果不是客观原因，而是孩子主观的挑食，父母就要耐心地给孩子讲道理，让他知道这种食物的好处。千万不要用强迫的手段硬要他吃下去，那样会使孩子更反感，甚至恐惧，以后再看到这种食物就更不愿意吃了。父母应该用亲切的态度，柔和的声调去劝导孩子吃一点。如果经过劝诱还不愿意吃，可暂时不吃；以后还要慢慢地劝说孩子吃，要坚持，不要劝说几次不吃，就不再给他吃了。往往经过劝诱一段时间以后，孩子就会愿意吃的。

总之，教育孩子不挑食、不偏食，就要先从家长做起。

072 别把孩子喂成小胖墩

现代社会，生活条件好了，生活水平提高了，孩子的营养有时会出现过剩的现象，很多孩子都呈现出“小胖墩”的模样。

要防止孩子发胖，同时又要健康，在饮食方面应该注意以下几点：

1. 对孩子的饮食观念要与时俱进。在孩子小的时候，父母最好以孩子自我需要为主，不要一味地劝孩子吃饭。祖辈们带孩子容易犯一个共同性的错误：孩子吃饱以后，不肯再进食，祖辈还会追着劝着喂。要知道食量有惯性，一旦形成习惯，一直吃就会导致孩子出现营养过剩，变成小胖墩。

2. 从小限制零食，不要让孩子养成吃零食的习惯。有些孩子吃饭的时候不好好吃，多半都是零食作怪。现在孩子的零食有很多种，添加的配料也很多，口感好，小孩子一吃容易上瘾！特别是一些饮料，比如娃哈哈、可乐等，孩子喝完以后最明显的反应就是不爱吃饭，所以在吃饭前一个小时内，最好不要让孩子吃零食。

3. 警惕孩子营养过剩的同时要注意营养均衡。杂粮和水果中含有人体必需的营养元素，孩子在小的时候多吃一些杂粮对生长发育是很有好处的。

4. 让孩子少吃甜食。幼时的口味对孩子一生的饮食习惯都有影响。就算父母比较喜欢吃甜食，也不要让孩子养成吃甜食的习惯，因为甜食糖粉高，能量也高，孩子吃多了容易发胖，而且还容易导致蛀牙。但是并不是说孩子一点糖都不能吃，只要是适量也可以的。有的父母害怕孩子会发胖，甚至奶都让孩子喝无糖型的，这样做也是不可取的。最好的办法就是控制糖果食用量，在正常的食物中最好少加糖，应该让孩子学会品尝食物本身的味道，而不是都要加糖加醋，这样才有助于培养孩子的味觉。

073 喜欢运动的孩子更聪明

很多家长都会觉得自己的孩子识字多、背诗多就是智力高，会加减乘除就是脑子聪明，也有的家长觉得花大量时间和金钱让孩子学钢琴、学美术、学外语就是提高孩子的智力。其实，这都是对智力理解的一种误区。智力不仅包括认知反应的特性，还包括有效地处理问题、快速地适应新环境的能力。

让孩子参加体育活动是开发孩子智力最有效的途径之一。

1．运动能刺激大脑皮层。孩子的智力发展情况可以通过孩子的运动、动作能力来体现。在生活中不难发现，智力低下的孩子往往动作迟缓，动作能力比一般的孩子要落后。也就是说，动作发育是智力发育的早期表现形式之一。

这是因为人的运动、动作是受大脑皮层支配的。大脑皮层中的神经中枢控制着人体各部位的运动，儿童加强运动能刺激相应大脑皮层，使大脑皮层更活跃、更精确地支配、指导运动和动作的发展。因此，运动的发育与脑的发育在部位和时间上密切相关。

另外，运动还能加快神经纤维髓鞘化，使神经系统发育成熟，加快神经传导速度。

2. 爱玩的孩子创造力更强。美国心里教育学家认为：运动、玩耍是儿童学会观察、认识、理解、说话和活动的最佳“工具”，对孩子大脑智能的开发有着重要作用。

科学实践证明，在2～5岁的儿童中，爱玩耍的孩子比不爱玩的孩子大脑要大30%以上。因为，在运动和玩耍的过程中，孩子要完成几十种与大脑和思维活动有关的动作，例如处理问题、协调心理、掌握平衡等。孩子通过玩耍和运动能提高识别物体的能力、语言表达的能力和思维想象创造力，还能消除心理压力和恐惧感等。

因此，家长不要忽视对孩子运动、动作能力的发展和训练，要尽量为孩子创造适宜的环境、条件，鼓励孩子去活动、运动，从而促进其智力和心理的发展。

3. 让孩子多玩趣味游戏。孩子运动的方式多种多样，家长要注意孩子的运动倾向要以游戏为主，要强调活动的趣味性。让孩子通过游戏掌握走、跑、跳、滚翻、抓握、游泳、投掷等基本技能。根据孩子发育的不同特点选择适合孩子的运动，如让孩子参加跳皮筋、跳绳、踢小足球、拍小皮球、打小篮球、游泳等体育运动。但是要注意不要让孩子过早地进行负重的力量锻炼，因为孩子的肌肉、韧带、骨质和结缔组织等发育都还不成熟，强度过大的运动会造成孩子身体的伤害。

另外，让孩子通过运动来增强智力，最好是要在青春期之前进行，这是因为人的大脑和神经系统在青春期就完全成熟了，过了这个时期，效果就不明显了。

074　和孩子一起做运动

要想让孩子热爱运动，家长最好和孩子一起参加锻炼，给孩子营造一个良好的氛围。

1．在日常生活中，家长要给孩子灌输运动的好处，让孩子多参加体育锻炼。有些孩子不善于运动，在运动中往往表现较差，常常退缩。家长要多鼓励孩子，增强孩子的自信心。同时，尽可能多地给孩子安排运动的机会，保证孩子有充足的时间进行锻炼。

2．父母要支持和陪伴孩子，给孩子进行体育锻炼增加动力。如果要提高孩子的运动积极性，父母就要做好榜样，可以身体力行，陪孩子跑跑步、做做操、周末进行一场家庭羽毛球赛。通过运动，培养孩子的兴趣。在节假日的时候，可以全家一起进行爬山、远足等活动，既可以缓解压力、舒缓疲劳，放松心情，也可以达到很好的“出汗”效果，增强体质。

3．不要过多干预孩子的运动兴趣。每个孩子都有很强的好奇心，常常会心血来潮，突然对某项运动产生极其浓厚的兴趣。面对孩子高涨的情绪，家长千万不能打击孩子的信心，而是要鼓励他去尝试。如果孩子确实喜欢这项运动，家长就应该想办法让孩子坚持下去。家长不能不考虑孩子的兴趣和特点，不能按照自己的想法为孩子安排锻炼项目，强迫孩子去参加。

如果孩子对运动不感兴趣，可能是他还没有找到自己感兴趣的项目。家长可以让孩子尝试不同的体育项目，也许真正接触之后，孩子就可以找到自己的兴趣点。孩子的运动兴趣慢慢培养起来后，他就会主动地参加锻炼了。而且，孩子接触的运动项目多了之后，力量、速度、灵敏、平衡、柔韧、耐力等也会的到全面的发展，使身体各个部位都得到均衡的锻炼。

4. 让孩子养成长期锻炼的习惯。因为年龄小，孩子的自觉性和毅力都相对比较差，对体育锻炼的兴趣也容易转移。家长不能放松对孩子的监督提醒，不然孩子会出现“三天打鱼，两天晒网”的偷懒情况，对孩子的锻炼效果不利。体育锻炼是一场“持久战”。每天坚持一定时间的体育运动对孩子的发展有很大的好处，但是如果孩子平时课业比较重，也可以不要每天都锻炼，只要周末延长一点运动时间。定期定时完成锻炼，就可以帮助孩子养成坚持运动的好习惯。

075 家庭体育锻炼的三个原则

孩子是父母的影子，父母的一言一行都会影响孩子的成长，相对于其他影响，父母在体育方面对孩子的影响来得更直接。因为体育活动需要父母和孩子面对面、手把手地与孩子进行交流，需要更多的肢体语言，而不仅仅是语言交流。父母与孩子在体育锻炼的过程中，可以是同伴，也可以是对手，更可以互为师生。和孩子一起参加体育锻炼既能丰富锻炼的方式，又能取得良好的锻炼效果，还能享受运动带来的乐趣，增进父母和孩子间的亲情交流。

在家庭生活中，要想引导孩子进行体育锻炼，父母应该关注以下几个方面：

1. 树立正确的体育观，培养良好的体育意识。有很多父母为了让孩子把学习成绩搞好，整天就知道让孩子看书，正常的体育锻炼都取消了，节假日也不让孩子参加体育活动。父母之所以这样做，除了孩子的升学压力因素外，还有父母不正确的体育关。这些父母不明白体育锻炼给孩子带来的益处，不知道体育锻炼过程是磨炼孩子意志品质、培育孩子团队精神、增进父母孩子间亲情等非智力因素的重要过程。

树立正确的体育观，把参与体育锻炼作为自身生活方式的一个组成部分，给孩子做好榜样。让孩子充分体验到体育锻炼的魅力，积极主动地去参见体育锻炼。

2．了解孩子的运动需求和爱好，发掘孩子的运动潜能。每个孩子的身体素质不一样，有的体质强、身体棒、喜爱运动，这时家长要做的就是引导孩子进行锻炼，帮孩子合理安排时间，科学控制运动量；也有一些孩子对体育锻炼持可有可无的态度，对这部分孩子，家长可让孩子选择自己喜爱的运动项目，和孩子一起进行有目的的锻炼；对于那些好静不好动的孩子，父母可以从孩子相对感兴趣的运动项目入手，逐步培养孩子参与体育锻炼的兴趣。积极地对孩子的进步鼓励和表扬，比父母长篇大论地说教要好得多。

3．掌握家庭体育锻炼的基本原则、方法和技巧。锻炼并不是要孩子早起晚睡，这是不科学的。要利用零散的时间，见缝插针地引导孩子进行身体锻炼。孩子早晨起床后，父母可以督促他用三五分钟时间伸伸懒腰，做做扩胸运动、伸展、体转、踢腿等基本体操。这样既可以快速消除睡意，又起到健身的作用；如果学校不是太远，就要尽可能让孩子徒步上学，既准时、经济，又能让孩子锻炼身体，但要保证孩子路上的安全。根据不同年龄和体质，孩子的步行速度应为每10分钟0.6千米～1千米。

一般情况下，路程在20分钟以内的才比较适宜；放学回家后，可以在晚饭前半小时左右让孩子进行一些对抗趣味性较强的运动项目，如球类活动、跑跳游戏、踢毽子、跳绳等；晚上孩子做功课的间隙（可抽20分钟左右），可以让孩子做一些小器械的练习，比如男孩可以进行俯卧撑、引体向上、曲臂悬垂等，女孩可做仰卧起坐、仰卧举腿、呼啦圈、座位前屈以及用拉力器、哑铃等小器械进行身体锻炼；

风和日丽的日子，父母可以和孩子一起爬山、疾走、骑车、划船，领略大自然的无限风光；双休日或节假日，可根据孩子的爱好，对某一项体育运动进行强化训练，有能力的父母可以亲自指导，也可送孩子去专门的机构进行正规的培训。

俗话说："每天锻炼一小时，健康工作五十年，幸福生活一辈子。"所有的父母都希望自己的孩子能达到这样一种理想的生活状态。要想达到这样的状态，就需要学校、社会、家庭的共同努力。因此，为了孩子的身体健康，家长一定要做好模范带头作用，为孩子拥有一个健康的身体创造一个良好环境。

第十三章 娃娃学理财——培养孩子获取财富的能力

如何帮助并指导孩子自主理财？如何让孩子自己懂得理财？这些不仅是父母必须关注的事情，也是父母面临的一大挑战。要想让下一代成为理财高手，父母就要以身作则，做好榜样。

076 让孩子树立正确的金钱观

随着社会的不断进步，很多孩子的物质生活都很优越，父母要想让孩子树立正确的金钱观，必须注意以下几点：

1. 和孩子谈论商品的价格。无论是一个棒棒糖，还是一件价格不菲的童装，父母都可以让孩子知道它们的价格。这样可以让孩子明白钱的意义，孩子就会知道父母可以一口气买下好几块巧克力，而买一件上百元的玩具就要存一阵子钱，这样可以让孩子渐渐明白周围物品的价值。

在周末或空闲的时候，父母最好和孩子一起玩玩“逛商店”的小游戏，分别扮演营业员和顾客。这样即可以提高孩子的运算能力，也能让他在实际操作中学会使用钱币。

2. 别用“买不起”来敷衍孩子。为了不乱花钱，有些父母在孩子要买东西的时候总会用“买不起”之类的借口来拒绝孩子的要求。其实这样的做法并不明智。这样做还不如直接告诉孩子：我们有比玩具更重要的东西要买呢！

家长在和孩子相处的时候也要学会换位思考。家长有时候也会买一些预算外之类的东西，更别说是孩子了。有些家长在带孩子逛商场之前总会三令五申地说不要买玩具，这样做还不如平常给孩子一些零花钱让孩子自己支配。这样可以让孩子在支配金钱的时候慢慢懂得：必须做出合理的选择才能更好地管理金钱。

3. 让孩子学会记账。通常来说，学龄前的孩子不需要给太多的零花钱，每月5～10元比较合适。在孩子自己花钱之前，父母可以和孩子一起先制订一个“消费计划”，让孩子学会有目的有计划地花钱。在孩子长大一点之后，可以试试让他简单地记一下账，这样做一方面可以培养孩子勤俭节约的习惯，让孩子学会安排自己的生活；另外还可以养成孩子细心的习惯，培养孩子的理财能力。

4. 父母之间要形成经济共享。夫妻之间最好能做到经济透明化。如果夫妻之间对经济问题的互不信任或互相欺瞒，会对孩子造成很大的影响，孩子会模仿父母的举动，在金钱问题上撒谎，时间长了就可能形成扭曲的金钱观。所以，爸爸妈妈一定要认真对待这一问题，给孩子做好榜样。

077 教导孩子正确消费

当今社会，孩子之间日益刮起一股攀比之风。一些中小学生大量购置价格不菲的奢侈品，而这些物品并不是孩子真正需要的东西，只是看到同学有，不愿意自己被比下去所以才争相购买，互相攀比。这些价格不菲的学习用品，不但增加了家长的经济负担，也给孩子的消费观造成扭曲，所以家长不能纵容孩子这种追赶潮流的攀比风。家长盲目地给孩子购买这些不必要的奢侈品，只会让孩子之间的攀比越来越严重。

孩子的攀比消费主要有下面这些现象：

1. 文具一定要是品牌。现在，有的孩子的书包、文具盒基本上每个学期更换一次，基本上都还很新就被淘汰了。还有的学生见不得别的同学买新款式的书包文具，一看到别人新潮的东西就觉得自己的书包太老土、太落伍了，就会想方设法要家长买新的。这是互相攀比对孩子造成的不良影响。

孩子的学习用品逐渐向奢侈化发展，这样不仅会导致孩子攀比成风，还会助长孩子的虚荣心，对孩子的成长不利。因此，作为家长要让孩子学会理性消费，要逐渐培养孩子的节俭意识。

2. 攀比内容不断升级。手机、电脑、MP3是很多学生早就有的“三大件”，此类电子产品的特点就是更新换代的速度特别快，以往的电子产品很难跟上孩子盲目攀比的心理需要。孩子在一起，很多时候都在讨论手机是不是能够拍照、摄影、上网聊天；电脑是不是笔记本，是不是进口的品牌；MP3是不是可以像MP4一样可以看电影。这都是攀比的表现，是不正确的消费观。

3．物质消费多于精神消费。现在孩子的消费结构中，物质消费占有优势，精神消费相对薄弱，孩子的消费呈现成人化趋势：如有同学过生日或者节假日的时候，孩子不是再送一个贺卡表心意了，除了送蛋糕、零食外，还会在家里开生日派对，甚至会请同学去大饭店吃饭。

如果庆祝生日只是为了炫耀，过分铺张浪费，不珍惜父母的劳动成果就不应该了。孩子过生日应该多注重精神，而非物质。同学之间可以送些书、笔、本，这样既送出了自己的心意，增进了朋友之间的感情，又能让送的东西派上用场。因此，孩子需要教育和引导，家长要从小培养孩子勤俭节约的美德，让孩子正确对待诸如过生日之类的问题。

要想克服孩子盲目攀比的心态，就要开启阳光消费教育。家长对孩子不能过分娇惯，不能只想着给孩子舒适、安逸的物质享受，不要为了面子而纵容孩子进行高消费。家长应该对孩子的这些行为进行适当引导和教育，让孩子真正认识到自己的社会责任，不要在盲目的攀比中迷失自己。

阳光下的孩子，应沐浴着阳光成长和阳光地消费。因此，父母的阳光引导不可或缺。

078 藏在零用钱中的理财教育

随着孩子从婴儿时期一天天的成长，家长开始担忧孩子零花钱的问题：很多家长都在想，零花钱应该什么时候给，给多少。其实，给零花钱的目的不单是为了让孩子有零花钱用，更重要的目的是让孩子学会金钱管理，培养孩子正确的金钱观。

国外一些父母的做法值得借鉴：

1. 日本用金钱传递“魔力”。日本教育专家认为，孩子的零花钱只是一种文化中介工具，在生活中占有重要地位，孩子们通过使用零花钱来创造自己的生活。

一位教育家说过：“打个比方来说，金钱仿佛是一种很有魔力的东西，如果父母给孩子一些钱，那就意味着他们向孩子传递了这种‘魔力’，因此他们会非常担心自己的孩子如何使用这种‘魔力’。”

在日本，父母用两种方式来控制孩子的零花钱：第一种是定期给孩子一定数量的零花钱，这些钱是让孩子自己安排如何支配。第二种是根据孩子的要求或愿望来给孩子零花钱，每一次和孩子协调或者控制孩子的要求。

2. 美国从零花钱教孩子理财。美国人认为，给孩子零花钱是让孩子学会如何预算、节约和自己做出消费决定的，是一种重要的教育手段。父母不要给孩子太多的零花钱，最好让他和同伴拥有大致相同的零花钱。在零花钱的使用上，则由孩子全权负责，父母不直接干预。如果孩子使用不当或者犯了什么错误，父母不能因心疼孩子而轻易帮她渡过难关。只有让孩子自己知道过度消费会带来严重的后果，才能让他学会对自己的消费行为负责。

除了给孩子零花钱之外，美国人还十分注重教孩子如何存钱。在孩子想要一件比较昂贵的物品时，父母就可以激发孩子存钱的欲望，向孩子解释：只有先放弃一些价值不大的东西，才能在将来有用一件更有价值的东西。存钱可以让孩子珍视自己劳动所得。

为了帮助孩子为未来生活做好准备，一些美国家庭还让青少年为自己的电话费和车费以及一部分家庭开支付账。等孩子长大以后，父母常会翻开账本，告诉他家中的钱是怎么花的，这样可以让孩子学会如何掌管家庭的“财政”。

3．新加坡倡导储蓄。传统观念认为，“节俭和储蓄是美德”，这种观点在新加坡始终是牢固不变的。调查显示，1992年，新加坡全国中小学生参加储蓄的百分比超过53%，每名学生平均约有5000元存款。这都是新加坡社会与家庭、学校的合力引导的结果。新加坡教育部、邮政储蓄和银行每年都会开展全国性的校际储蓄运动。正是因为这种社会大环境的影响，许多孩子都成了储蓄迷，很多孩子为了克制自己大手大脚的花钱，连提款卡也不申请。

我国在逢年过节的时候，尤其是春节，家长都会给孩子一笔数为数不小的“压岁钱”，如何正确对待孩子的压岁钱呢，专家提了一些建议供家长朋友们参考：

不能直接收缴孩子的压岁钱，那会让孩子受到打击。这种做法可能会逼迫孩子从别的途径解决零花钱，比如瞒报压岁钱数量，甚至偷偷拿家里的钱。所以对孩子的压岁钱家长要用正确的方法对待，应该允许孩子自己支配，但家长要给予孩子适当的引导。比如可以让孩子给长辈买一些礼物表示心意，也可以在开学的时候用来买学习用品和书籍，还可以鼓励孩子用压岁钱交自己的学费。

在孩子花压岁钱的时候，父母不要让他支配得太随意，最好让他们用劳动或学习来换取，按照规定做就可以支配，违反了规定就可以从压岁钱中扣钱以警示孩子。

079 教孩子学会自主理财

每个家长都希望孩子有出息，于是在孩子很小的时候，家长就开始对孩子进行各种教育，当然也包括理财教育。理财是一件不容易的事，要想把理财的意识、知识和技能传承给下一代，就更为不容易了。

如何帮助并指导孩子自主理财？如何让孩子自己懂得理财？这些不仅是父母必须关注的事情，也是父母面临的一大挑战。要想让下一代成为理财高手，父母就要以身作则，做好榜样。下面有一些方法可供参考：

1. 做好观念教育。父母在培养孩子正确的财富观之前，一定要告诉孩子：“舒适的生活离不开财富，但财富不是舒适生活的必要条件。”一定要让孩子在接触财富前，先树立对财富的正确观——不必仇富，也不必拜金，具备正确的财富观和取财态度，才能真正懂得如何把握时机和选择正确的理财方式。

2. 给孩子做好榜样。在给孩子灌输理财意识的过程中，一定要用自身的言行不断给孩子作出榜样，让孩子去效仿，不断地给孩子鼓励，这样才能在潜移默化中培养孩子健康正确的理财意识。

3．不妨“强迫”孩子存款。教孩子自主理财的一个较好的方式就是“强迫存款”。在孩子到一定年龄的时候，父母就会定期给孩子零花钱，这时父母可以强行扣下一部分用于存款，让孩子慢慢养成这样的习惯。这可让孩子从小就树立起要消费还要储蓄的理财理念，使他将来有了自有收入后，开支分配更合理和经济。在孩子有了一定的理财能力之后，还可以给他申办一张信用卡，这样可以培养孩子先消费后还款的理财理念。

4．培养孩子良好的理财习惯。良好的习惯是成功的重要因素，培养孩子在理财上的好习惯，才能让孩子真正学会自主理财。

父母可以教孩子做“复式记账”，引导孩子将每笔开销和支出，运用复式记账方法记录下来。这样不仅能让家长明白孩子的钱花在了哪里，更能让孩子自己通过记账的方式，了解自己的消费和支出喜好，并定期追踪，有利于克服消费冲动和不良消费习惯，能让孩子不断调整自己。复式记账还能让家长从中看出孩子将来可能的择业取向，如果孩子对数字特别敏感，也喜欢这种记账方法，那么家长可以考虑将孩子往金融家方面培养！

“汉字是教不全的，但查字典的方法是容易学会的”，所以要让孩子学理财，还是应从观念和理念入手。只有让孩子树立正确的财富观念，并养成良好的理财习惯，父母就不用担心孩子以后理财的问题。

另外，在教孩子理财时，父母也可能会出现一些盲点，使教导的过程中出现反效果，因此专家给父母提出了三项原则：

原则一：让孩子真正拥有钱。很多人都记得，在自己小的时候，父母都会给一些零花钱，尤其是逢年过节，都会收到长辈给的为数不少的红包，但是父母通常都会将孩子好不容易存下的零用钱或是长辈送的红包，用“爸妈替你存下来”的借口，全数收回去。屡次发生这样的事之后，孩子有了钱就会很快地花出去，以免再被父母要走。这是不正确的教育方法，会让孩子养成快速花钱的坏毛病，因为他们多会认为，存下来只会被大人“没收”。

原则二：让孩子拥有对钱的支配权。一些父母允许孩子拥有存款，不会强迫孩子把钱交出来，但是对于钱却不给孩子一点点的支配权，往往孩子要买什么，都必须经过父母同意，如果父母觉得不合适就会便极力阻止。这样做只会留下不好的沟通经验，倒不如由孩子自行评估。例如孩子享用自己的存款换一部新的自行车时，父母不赞同但也不阻止，最好是给孩子分析原来的自行车还不很旧，仍然可以使用，而想购买新自行车除外形好看之外，并没有特别好用的功能，而价格却非常高。分析后让孩子自己决定，这样让孩子明白自己的错误意识后，孩子就会主动放弃原来的想法。

原则三：让孩子花自己的钱。父母在开始给孩子零用钱之后，就要让他学习如何花自己的钱，这样才能让孩子懂得珍惜金钱。可以和孩子协商，如果是学费、教材费用或是全家一起的花费，就由父母出钱，但如果是孩子自己想买的玩具、出游时的纪念品、朋友的生日礼物等，就要让他们自己付钱。因为人都有这样的特点，一旦是别人付账，就容易乱花、浪费的情况。

遵循以上原则，交给孩子正确的理财观，引导孩子采用合理的理财方式，不要以自己的立场去干涉孩子的理财细节，那么让孩子学会自助理财，拥有正确的消费观就变得容易多了。